褚时健

每一处都是人生巅峰

86岁
扬名全国的橙子
叫『褚橙』

74岁
他是哀牢山的
一山绿

66岁
他是红塔山的
一面旗

冷湖◎著

台海出版社

图书在版编目（CIP）数据

褚时健：每一处都是人生巅峰 / 冷湖著.
—北京：台海出版社，2015.5

ISBN 978-7-5168-0613-5

Ⅰ.①褚… Ⅱ.①冷… Ⅲ.①褚时健－传记
Ⅳ.①K825.38

中国版本图书馆 CIP 数据核字（2015）第 081754 号

褚时健：每一处都是人生巅峰

著　　者：冷　湖

责任编辑：王　萍
装帧设计：张子航　　　　版式设计：红　英
责任校对：陈　烨　　　　责任印制：蔡　旭

出版发行：台海出版社
地　址：北京市朝阳区劲松南路 1 号　　邮政编码：100021
电　话：010-64041652（发行，邮购）
传　真：010-84045799（总编室）
网　址：http://www.taimeng.org.cn/thcbs/default.htm
E-mail：thcbs@126.com

经　销：全国各地新华书店
印　刷：河北信德印刷有限公司
本书如有破损、缺页、装订错误，请与本社联系调换

开　本：710 mm×1000 mm　1/16
字　数：188 千字　　　　印　张：17
版　次：2015 年 10 月第 1 版　　印　次：2024 年 1 月第 2 次印刷
书　号：ISBN 978-7-5168-0613-5

定　价：58.00 元

序 传奇人生，从“烟王”到“橙王”

2002年，云南哀牢山上发生了翻天覆地的变化，一片荒废已久的山峦逐渐迎来了新绿。这是新生的绿，是哀牢山的希望，也是一位当年74岁、名叫褚时健的老人的“第二梦”。褚时健是中国企业界不可磨灭的传奇人物，他的一生充满着纠葛和辛酸的色彩。

1928年，距离新中国的建立还有21年，褚时健在云南玉溪的一户农民家庭中诞生了，继两位兄长不幸夭折之后，父母对这第三个儿子寄予厚望，希望他能健健康康长大，因此，取名褚时健。

1949年，正读高一的褚时健终止了学习生涯，毅然决然地踏上了从军之路，他清楚自己的选择——中国还处于水深火热之中，没有大家何来小家？在褚时健的心里，国家的独立自主永远是民族的希望、是我们生命中最重要的组成部分。

30年后，当51岁的褚时健接手玉溪卷烟厂那个“烂摊子”时，他依然十分坚定地接受了党和国家交给他的任务——一定要让破败的卷烟厂早日焕然一新，为国家创造更高的利润。这是褚时健和玉溪卷烟厂的使命。

在褚时健的带领之下，卷烟厂如同初春石缝间的小草一样，没有肥沃的土壤，却依然坚挺地钻出地面，倔强地呼吸着新鲜的空气，品尝着阳光的味道。

1995年，以玉溪卷烟厂为名优卷烟加工制造基地的玉溪红塔烟草集团有限公司成立，玉溪卷烟厂成为红塔集团旗下最核心的部分，先后推出了红塔山、玉溪、阿诗玛、恭贺新禧、红梅等名品香烟。褚时健带领着玉溪卷烟厂经过18年卧薪尝胆奋力突围，当年接手时破败的卷烟厂，已然成为新中国企业的一面崭新的旗帜，亚洲地区第一烟草企业。褚时健的名字，赫然地被定义为“烟王”。

经营红塔集团18年，褚时健始终“守身如玉”，不曾沾染任何贪污受贿等“潜规则”恶习，为国家、为人民创造了大量的财富。

褚老很“穷”，经营红塔集团18年来总共赚得88万元人民币，平均一个月4000元左右。要知道，当时，红塔集团任何一个基层员工的月薪都高达四五千，这样的高薪在中国人均收入几百元的年代，堪称天文数字。

与此同时，同行1公斤烟叶为国家带来40元税收和利润，褚时健却将这个数字提升了近6倍，这是褚时健创造的奇迹。1994年，66岁的褚时健当选为“全国十大改革风云人物”。

“烟王”光环的余热还没有散尽，1995年，褚时健的女儿因疑收受贿赂而被捕，最终在狱中香消玉殒。女儿的自杀，给褚时健带来了无法用言语形容的悲痛。或许从那个时候起，褚老的内心世界开始翻江倒海般地混乱了，尤其，当他看到自己微薄的工资与为国家创造的巨额财富所形成的巨大落差，他怎么也无法面对，他，开始以身试险了。

1999 年，褚时健因贪污被判处无期徒刑，昔日“烟王”即将开始暗无天日的铁窗生涯。人们无法相信，为国家经济发展做出巨大贡献的红塔集团掌门人成为阶下囚的事实，褚时健注定成为中国经济历史上最具争议的人物。

从曾经清正廉洁的褚时健身上，中国领导人看到了薪酬制度不和谐的音符，于是开始了在全国范围内进行薪酬制度改革。反差巨大的是，褚时健被判刑的次年，红塔集团的新掌门人年薪高达 100 万，如果这个数字保持不变，新总裁 18 年赚得的薪资为 1800 万，这是褚时健 18 年来所得薪酬的 21 倍。

2002 年，患有严重糖尿病的褚老，在 74 岁高龄之际，获准保外就医。在 3 年前已经黯然退隐的“烟王”，接下来的保外就医时光又会怎样度过呢？

“橙王”，一个新鲜词汇热情出炉。

走出了铁窗，褚时健并不想安安静静地度过晚年，拼搏了几十年的褚老闲不住啊，在妻子的陪同下，他们将目光锁定在了哀牢山。

手里仅有 200 万的褚时健夫妇，硬是在昔日良好口碑的“赞助”下，从亲友手中筹借到几千万的启动资金。其实，褚老也很谨慎地告诉借钱给他的亲友们，万一赔了，他是没钱还的。可那些“借友”90% 都认为褚时健一定会赚钱，这样的信心可是经过数十年的事实验证过的。5 年后，褚老还清了所有借款。

褚时健的口碑很好，自己做了承诺就一定会及时兑现，但他也不会夸海口，如果一件事情能做到 10 分，他在与别人陈述时只保证能做到 9 分，尤其在对国家和政府许诺的时候，他会说自己只能做到8分，留着2分。

有一年，褚时健与当年还是副总理的朱镕基聊到红塔投资项目，朱镕基表示，会帮助红塔解决进口指标的问题，褚时健也表示，红塔完成改造后，每年会为国家创造至少30亿元的财政收入。当时的朱镕基似乎不敢相信褚时健能做到，只有褚时健自己清楚，他的承诺仅仅是他为自己设定的目标的75%。

在开拓橙子事业上，褚时健的所有优秀特质都得到了再次发挥。他种植的冰糖橙销量很好，一经上市就会销售一空，且价格绝对不比同品类橙子低，是什么决定了“褚橙”的成功？一个70多岁才开始种橙的老人，依靠什么超越了祖祖辈辈都以种橙为生的果农？

创新——褚时健始终将创新作为自己奋斗的首要目标，在时刻保持以创新思维经营企业的情形之下，事业才能越发光芒万丈。

冰糖橙原产自湖南，湖南当地种了几辈子冰糖橙的果农始终如一地传承老方法，殊不知，时代在革新，技术在进步，甚至很多果农遇到的问题都是历史所不能解答的。对此，褚时健用创新解决了难题。

技术创新，种植工艺创新，与果农合作中的激励机制也在创新，这么说吧，褚时健大脑中的创新思维，不亚于任何一个年轻人，褚老走过的桥甚至比他们走过的路还要多。于是，成功成为了自然。

褚时健是烟王，也是橙王，如今橙满哀牢山的褚老，自己研制化肥，自己开发科学种植技术，就连国内外众多商学院的学子都慕名来拜访他，向他学习营销和创业经验。这一辈子，他的人生跌宕起伏，经历了很多人都未曾经历过的风风雨雨。是时，褚时健已近90岁高龄，还能再干几年？

目录

1
八旬橙王

缘起哀牢山

云南省中部地区，有一座广袤的不曾经过雕琢的山脉，它像静音了一样，在那里静静地躺了很久很久。2002 年的一天，一阵轻快的脚步声打破了哀牢山脉的宁静，一对年迈的老人来到这里，成了这座山峦的新主人，给这里带来了焕然一新的风貌。

这对年迈的老夫妻，就是褚时健老先生和他的结发妻子马静芬。这一年，褚时健因患有糖尿病获得保外就医的机会，他和妻子承包了 2400 亩未开垦的山地，种上橙树苗。一颗果树苗要 6 年后才能结果，74 岁的褚时健等得起这 6 年的成长期吗？

褚老充满信心地表示，自己还很健康，再干个七八年都是可以的。如今12年过去了，褚老依然很健康，橙树变成了橙林，又变成了橙山，褚老也就成了“橙王”，名满天下。

很多人都知道，褚时健闲不住，一定要再做点什么才行，那他为什么会选择种橙子呢？对于一个70多岁的老人而言，种植毕竟是一件十分辛苦和操劳的工作。褚老回忆说，一次他品尝了亲友从国外带回的橙子，感觉外国橙子一点都不好吃，味道又酸又涩，价格还不便宜，根本就不是中国人可以品味的果实，褚时健不禁感慨，种植出符合中国人口味的、质感不亚于国外的橙子，一定会在中国大有市场。

真是想什么来什么，褚时健的想法很快有了可以实现的机会。就在离他住处不远的哀牢山上，有一个种植甘蔗和橙子的农场，预备出售农场经营权，这引起了他极大的兴趣。他打算用这个农场种植橙子，但也不得不实地考察一番，找出之前经营者失败的原因，以及自己经营过程中需要注意的关键点。

很多种植专家都非常愿意给褚时健提供意见，在七八十岁的老人中，还有几位会一门心思地去创业？除了专家的技术支持，褚时健自己也投入到橙树种植研究中。经过一段时日的考察，褚老看到了种植橙子会有光明的未来。

云南地区的水土气候极大地满足了冰糖橙子的种植条件，较长的光照时间加上比较大的早晚温差，保证了橙子中糖分成长环境的光摄入，也坚定了褚时健在老家种橙子的决心。

走上种植道路的褚时健，开始朝着种植专家的方向发展了。据其妻子马静芳介绍说，褚老是那种遇到问题不会逃避，一定要想出办法解决好的执着之人，他读了很多橙树种植方面的专业书籍，他读书跟学生一样，时常废寝忘食。他分析得出，云南地区的光照时间长，这确实为果树的生长提供了有利条件，可哀牢山地处山地，无法保证给果树提供足够的水源。

冰糖橙属于橙子的一种，为了保持果肉中水分的贮藏，灌溉时对水分的要求是极高的。褚时健之所以有机会将这个农场盘下来，一个直接原因就是：哀牢山上严重缺少水源。这个严峻的问题阻碍着褚时健的养橙计划。

褚时健遇事不回避，不退缩，而是选择了一个更好的解决问题的方式。在很多问题的处理上，他都显示出了数十年经营领导者的魄力和睿智。

创新思维，是一个企业家不可缺少的素质之一，在任何行业的经营理念中，倘若缺失了这个关键性的词汇，这个企业恐怕难以为继。创新，是创造，是更新，也是改变。缺水是严重的问题，可山上又无法挖井取水，这可怎么办呢？

所有人都会忽视的一个问题，褚时健却没有忽视掉，那就是用泉水灌溉橙树林。

这可不是张嘴说瞎话。泉水也是地下水，它优于地下水，是地下水的天然露头，给人以甘甜的味道。种植冰糖橙，如果再配合着甘甜的山泉水灌溉，在保证橙子质量的同时，其未来的销售和营销也将是一个创新亮点。

事情进展到这儿，似乎再无难题了。就连引山泉水进农场内需要搭建管道，花销达千余万元的难题，褚时健也很快解决了。

褚老当时手里只有200多万，按照他预计的种植方式，这点启动资金根本就是杯水车薪。可人家人缘好，口碑也响当当，亲友几乎主动组团来赞助他，这样的信任恐怕不是一时三刻就能积攒起来的。

所有的困难都解决了，褚时健的冰糖橙“养橙计划”也就顺利地开展了。

从2002年到2014年，整整12年时间，当年74岁的老人如今86岁了；当年经营不善的小农场如今已橙满哀牢山了；当年叱咤风云的“烟王”如今也成了名符其实的“橙王”。我们不知道这位最具争议的企业家，到底还能给世人创造多少奇迹和惊喜，甚至不知道这位老人的内心世界到底有多么强大，让他能在光环陨落的瞬间再次聚焦镁光灯，诠释神话。但我们知道，中国的经济社会需要这样的创新人物。

目前，中国已进入人口老龄化阶段，就算按着现在中国即将执行的渐进式退休方式，74岁也已超过了退休年龄至少10年。几乎所有70多岁的老人，在这个年龄段都会选择安度晚年，享受孙儿们承欢膝下的生活，这是很令人羡慕的。

然而，褚时健74岁的时候，还是一个刚刚从铁窗中被保释出来的“病老头”，可他却走上了第二次创业之路。走这条路很艰辛，也很迷茫，一个七八十岁的老者，要承受多大的身体上和心灵上的困难，是可想而知。

褚时健遇到再大的困难，也很少求助别人，他习惯自己钻研，他认为：配合着专家的指导意见，即会研究出更适合自己种植习惯的新方法、新技术。

种橙需6年方可结果，这对年轻人而言，也是个不短的时间，想想有多少年轻人经不起时间的洗礼，错失了机遇，从而与成功失之交臂。而我们要说的这位老人，却6年如一日静等着花开，静盼着结果。现在展现在人们面前的是丰硕的果实，可谁又能体会种植过程中的困难，正如成功的光环背后需要付出无尽的汗水一样。

在褚时健种植橙子的过程中，几乎每年都会有新的问题出现：掉果子、口感差、果树生病……老夫妻甚至在农场里搭起工棚住了下来，24 小时不离农场，悉心“监护”着果树。

老夫妻为第一批成熟的冰糖橙取名“云冠”，起初的销售并不理想。云南是生产橙子的省份，在琳琅满目的橙子品种中，“云冠”从外观上看并无出彩之处，还是妻子马静芬想到了“品牌”营销，她打起“褚时健种植的冰糖橙”的条幅售卖“云冠”，很快便销售一空。现在看来，马静芬此举成功地打响了售卖冰糖橙第一枪。这个条幅让消费者将“云冠”的概念远远地抛在了脑后，“褚橙”这个响当当的名号应运而生。

褚橙加盟电商

褚橙的销量从来都无需褚老担心，一经上市便销售一空；市场上褚橙销售者也从来不用举起价格战的大旗，即便自己的褚橙价格比同类产品价格高出十倍，也是百姓竞相购买的对象，褚橙就像“橙王”一样，成为橙中之王。

随着褚橙的供不应求，一些地区的商家纷纷与褚时健合作建立橙园，他们都严格地沿袭着褚橙的种植工艺，如严格地将每一棵果树的精华集中在 260 朵花上。

可口优质的褚橙，吸引着云南以及全国众多省市地区百姓的购买欲望，同时也是生鲜电商们迫不及待引进的产品。

2012 年 11 月 5 日，食品电商——“本来生活”成为“云冠”冰糖橙（褚橙）首家网络购销渠道。是哪股魔力吸引着褚时健走上电商购销的平台，而大胆放弃了沃尔玛、家乐福这样的国际零售巨头抛出的橄榄枝呢？

据悉，褚时健在2006年前后，曾经试图走商超售橙的路线，他所看上眼的商超，是沃尔玛、家乐福这样的国际大品牌超市，经过多次谈判，终因价格、账期等问题没有达成共识。

褚时健做事总是一丝不苟，不会因某一方面不对称就勉强合作，放弃与跨国商超合作，他一点都不遗憾。事实证明，没有它们，褚橙一路走来也将风光无限。

褚橙入驻“本来生活”，根本就不用支付“入场费”，合作期间实行先付款后发货的模式。也就是说，北京的市民要通过食品电商先付款预定褚橙，然后褚时健将橙子从云南快递到北京，涉及到的快递费用由双方对半承担。

褚橙在云南本地的销售价格在每公斤10几元至20几元之间，明显低于在国内其他地区的售价，这与本地复杂、激烈的竞争环境有直接关系。走电商销售渠道，因严格精选、采摘成本、运输耗损等因素影响，价格也相应有所上涨，通过“本来生活”购买的褚橙，价格基本上在每公斤30元左右，看似偏贵，可直径7公分以上的个头，加之良好的口感，让网民都觉得物有所值。

2012年，是褚时健种植橙子的第十年。这一年，褚时健做了一个重要的决定：“挥师北上”，将橙子运送到北京市场。为了更好地推广他的褚橙，褚时健放开思路，和北京刚刚成立起来的本来生活网建立了密切的合作关系。与此同时，褚时健在成都也推出了他的橙子，并和当地比较先进的“i有机网”结为了合作伙伴。这样一来，无论是电子商务网站，还是食材供应电子商务网站，都成了褚时健销售橙子的得力助手。

其实，在和两家网站合作之前，褚时健出于品牌保护和价格保护的原因，都是通过自己寻找的渠道进行销售。不过随着时间的推移，电商网站的专业性、前沿性和科技性让褚时健动了心，所以他在“进军北京”之后，就没有选择走超市销售这条路线。

两家网站能够和褚时健展开合作，也是经过了一番仔细的考量。“本来生活网”的运作模式是：通过向各地的买手搜集产品信息来确定“选题”。而褚时健的橙子，就是来自西南地区的主要素材之一。当褚橙作为“选题”上报之后，本来生活网立即展开了大讨论，并为此特别派出了考察组到云南实地考察，也和褚时健见了面，最终敲定了合作协议。

“i 有机网”一直是以有机食材和食品为主打内容，兼顾生态产品和特色食品，所以他们对褚橙也非常重视，在得知褚时健一直是自建渠道之后，他们马上和褚时健取得了联系，最终成了褚橙在成都地区的独家经销商。

2012 年的秋冬季节，褚橙销售大好。不仅如此，褚橙还带动了北京和成都的两家合作网站的销售。

“本来生活网”在销售褚橙之后，它们的柴鸡蛋、水果和有机牛奶等食品的销售量也被带动起来，网站的订单量一下子升级为之前的三到四倍。为此，本来生活网的技术部还临时增加了 20 兆的带宽，以此来应对庞大的网站流量。就连客服也“未能幸免”，客服部每人一天至少接听了 300 多个订货电话，弄得嗓子都哑了。

“i 有机网”的情况也差不多，他们的销售像井喷一般，为此不得不临时增加了客服，而负责接听订购热线的接线员也采取了三班倒的策略。到了 2013 年，为了扩大褚橙的知名度，“i 有机网”还在微信上推广销售渠道，当地市民可以通过微信订购的方式购买褚橙。

2013年，又一个橙熟之机来临，“本来生活”早早就备战褚橙采摘。在两个月的有效销售期内，褚橙往往都供不应求。褚时健更要在这个时间内完成采摘、推广、销售、配送的全过程。

2013年，在电商平台的有力推动下，褚时健将他的橙子推广到了中国的22个城市。随着销量的猛增，北京、南京、广州等地都出现了断货的情况，褚橙被人们称作“史上最牛的冰糖橙”。

这个最牛，绝非浪得虚名。因为褚橙的生长环境非常优越，它在哀牢山中生长，那里方圆5公里之内没有人居住，方圆20公里之内没有任何工矿企业，所以绝对不会受到任何污染。另外，哀牢山一地常年气温保持在23℃，平均年日照量能达到2000多小时，加上灌溉橙子的水是山泉水，所以非常适合柑橘类植物的生长和发育。

同时，褚时健也对他的橙子进行了严格的品质检测，他会根据橙子的外形美观程度、直径大小以及色泽口感等因素进行全面检测。到目前为止，褚时健已经开发了两种比较受消费者欢迎的橙子品级：优级果，单个重量120克到170克之间，直径在65毫米上下，1箱大概能装36个；特级果，单个重量为180克到230克之间，直径在70毫米上下，1箱5千克左右，大概能装26个。而且，褚时健对包装也非常重视，褚橙不带叶子也不打蜡，也不覆膜和戴套，完全是自然包装，每个橙子上面还喷有橘红色的喷码，相当于褚橙的“身份证”。

由于褚时健给他的冰糖橙施用自己研发的有机配方，每棵树褚时健只允许存在240到260朵花，为的是减少产量，保证充足的营养供应。正是这样的原因，褚橙要比北京和成都当地橙子的价钱贵一倍。现在，这个差距随着市场上褚橙的供不应求可能会继续拉大。

2014年，9000吨的采摘果实大约四分之一通过电商销售，除北京地区外，褚时健又将配送范围延至广东。

电商平台上的特级褚橙价格每箱148元，优级褚橙价格每箱128元，两种橙子的销量都不错，很多消费者都认可褚橙的优质、口感好，再加上橙王——褚时健的故事，更激起了大家的购买欲。选择电商是褚时健独到的眼光，他看重这个迅速发展起来的销售平台，同样也抓住了中国人时兴的购物习惯。

电商已成为许多产品销售的平台。褚橙借助电商之路，顺利地打开了国内的销路。同样，“本来生活”谋得褚橙的青睐，也是获得了一本财富账。

首先，褚橙口感浓甜，的确是众多冰糖橙中的优质品种，几乎所有购买过褚橙的消费者，都无法割舍其美味的口感；其次，褚时健的名号也是一个过硬的品牌营销方式，就像当初第一次售卖时，马静芬举起“褚时健种植的冰糖橙”条幅，售卖效果大好一样，单一个“橙王”就省下了所有的广告宣传。

褚时健的荣耀，是不加修饰的，他一生的成功不会因某一污点而完全磨灭。王石曾用巴顿的话赞美褚时健：“衡量一个人成功的标志，不是看他登到顶峰的高度，而是看他跌到谷底后的反弹能力。”这样的评价简直是为褚时健量身而制。

褚橙进驻食品电商购销的第二年，了解褚时健故事的消费者为褚橙取了一个新名词——励志橙，它的购买者几乎涵盖了所有年龄段的中国人。

电商往往被认为是青年人购物的平台，褚橙的购买者除了青年大军之外，还辐射到了20世纪50年代婴儿潮时期的中老年一代，都是伴随着褚时健的故事长大的一代人，他们能更深切地体会到褚时健从人生的波峰到波谷再到波峰、为成就一番事业而顽强拼搏的励志精神。

褚橙搭借电商平台完成巨大的销量，其制胜因素有三：

首先，橙王是个有故事的人。很多中国人从小就听着故事入睡，读书期爱看励志故事，工作或创业后更喜欢解读成功之道的故事。总之，中国人的故事情节让有故事的人更受关注。

其次，褚橙是充满传奇故事的精美优品。外观、色泽、口感、营养成分甚至售价都堪称最优。

再次，褚时健在最恰当的时间，选择了一条最适合褚橙售卖之路——食品电商。食品电商的迅速崛起，带动了褚橙的迅速布局，最直接带来的自然还是高额的利润空间。

走电商之路，已然成为众多食品商选择经销的方式，但褚橙的成功是否能得以完好复制却很难说。为什么苹果系列产品能享誉全球？是因为乔布斯的故事成为硅谷之最，苹果本身的品质也居高不下。

总有人说，“条条大路通罗马”，事实上也真的是“行行出状元”。每一个产品都有适合它的推广平台，褚橙，就是成功地熟在了电商心坎上。

褚橙的成功是必然的，“本来生活”在逆境中突围也绝非偶然，它们，都是在对的时间里找对了彼此。

被企业大佬追捧

人们对褚橙的热度随着它的大卖丝毫没有减弱，在很多公司的日常活动、媒体年会乃至一些企业家俱乐部中，几乎随处都能见到褚橙的影子。成都的一家保健公司前来订购褚橙，一开口就是500箱，哪知道根本就没有这么大的存货量，所以只能先拿走100箱。结果这些橙子被搬回去之后，全部被奖励给了上个月业绩优秀的员工，公司为此还召开了一个座谈会，老总一边讲着褚时健的故事，一边探讨人生励志。最后，有员工找到老总，表示只要下个月还奖励褚橙，他们就能超额完成业绩指标，弄得公司不发褚橙都不行。

"i有机网"也是如此，他们的客服接到了很多企业的咨询电话，询问褚橙的保鲜期多长，因为他们想把褚橙当做奖励员工的企业福利。有企业的负责人表示：国家号召节俭，所以，公司也不想发太过昂贵的东西，不如发给人家褚橙作为奖励，还有深刻的寓意在里面。

褚时健不仅被普通老百姓崇拜，而且被很多知名的企业家崇拜，万科老总王石，不止一次表示了自己对这个80多岁老人的崇敬之情。还是在2002年的时候，王石开了8个小时的车，来到哀牢山看望褚时健，那时候褚橙还没有"出世"，但是褚时健却已经是一个穿着汗衫、为了80元钱和农民侃价的农家老汉。10年之后，褚橙大卖，王石再看到褚时健时，褚老依然是那一身打扮，心中顿生无限感慨。

也正是因为对褚时健的尊崇，在《王石如是说》中的"王石论企业家”版块中，专门对褚时健进行了评论，名字叫《褚时健：欣赏与尊敬》。在这个章节中，王石讲述了褚时健的个人履历，也分析了致使褚时健入狱的种种原因，字里行间，寄寓了仰慕、无奈和感叹。在王石看来，褚时健提出的很多生产、管理经验，直到今天都有着借鉴意义，比如：他提出的“三合一体制”、“烟田是第一车间”等理论，无论是对烟草行业，还是其他行业，都会引发人们无尽的思考。

在王石看来，褚时健不单单代表着中国一个时代的企业家，更是一种创业精神的象征，是一盏指引着无数人怀揣梦想去奋斗的灯塔。

2012年2月，一个名叫汪洋的人跋山涉水去云南采访褚时健。他是《21世纪商业评论》的记者，对褚时健非常感兴趣。一路之上，汪洋不仅目睹了沿途的美妙风光，而且在脑海中构思着如何向这个最具传奇色彩的人物提问。

当汪洋抵达玉溪的时候，看到了新平县嘎洒镇附近的两片山头上，漫山遍野的橙子树，在雄壮的哀牢山中起到了一种独特的点缀作用。那时，正是哀牢山上绿意盎然的季节，枝头上挂满了金灿灿的果子，不必品尝，就能够深深地喜欢上它。

当汪洋第一次看到褚时健时，他的打扮不觉让汪洋一震：面前的这个老人和他之前采访过的很多企业家太不一样了，没有西装革履，也没有秘书随从，更没有名车豪宅，如果不认识他，你一定会误以为，站在自已眼前的就是一个普普通通的果农。

这一年的褚时健，已经满头白发、脸色黝黑、脊背微驼，身穿一件普通的、沾着点泥土的白色圆领衫。抽烟抽得很凶，特别是在讲到最喜欢的橙子时，便是一根接着一根抽，不过说起话来却沉稳有力，不像是一个年近九旬的老者。尽管走起路来多少有点迟缓，但是精神状态却异常饱满。

在接待访客的时候，褚时健都会拿出他最引以为傲的橙子，还会问："橙子是青黄色的，看上去不算特漂亮，到底怎样？"

此情此景，让人不免想起了王石对褚时健的谈论，他知道橙子挂果就需要6年，而褚时健在开始种橙子的时候已经74岁了，却带着满心的希望等待着漫山的果子一点点长大成熟。如果换了别人，在这个年纪还有雄心壮志去创业，简直是难以想象的。然而褚时健却那么想了，也那么做了，就如他的属相牛一样，浑身上下充满一种倔强，这种倔强并非蛮干，而是敢于挑战自我、颠覆自我的勇气和力量。在褚时健的世界里，他永远都愿意和各种困难较真，也愿意跟他自己较真。

正是在这种数不尽的较真之中，褚时健发现了自我，超越了自我，也最终成就了自我。现在，看着固定资产近亿的成就，褚时健没有自我陶醉，而是在构思下一阶段的计划和目标。或许，正是这种永远都不知道满足的心态，注定了褚时健是一个平凡却不甘于平凡的人。

当然，在这样的年纪创业，所要面对的困难是很多的。果园每年都会出现一些新问题，而每个问题都需要褚时健亲自出马去解决，这常常让他茶饭不思、寝食难安。褚时健自己说："我这一生，碰到不少困难，但是走过这些困难以后，信心还是有的，因为你知道了事情发展的规律。对我来说，如果事情少，我就觉得不舒服，长时间没有事情做就要生病了。所以我每天都在想事情，都在实践。做一份事业，我感觉就是找到了一个舞台，然后在这个舞台上充分展示自己的能力，虽然这会消耗我很多的精力。但每次把自己做的事情往前推进了，我就有成就感。”

一枚励志的橙子，与其说是代表着一个品牌的商业价值，不如说是一个人一生呕心沥血辛苦劳作的总结。在励志的背后，不是商业炒作，也不是个人崇拜，而是人前风光人后吃苦的沉重积淀。很多人看到的，也许只是褚橙大卖时的火爆景象，却没有想到在哀牢山上，一个保外就医的老者，是如何承受着压力和世俗的议论一步一步走到今天的。

当然，更让这个励志故事感人至深的是，褚时健是高龄创业，而不是在年富力强的日子走向了辉煌。他的这种胆气和魄力，即便是很知名的企业家恐怕也难以做到。

很多人都觉得，一个人到了一定年龄之后，无论从身体上还是精力上，都不可能从事太过繁重或者操劳的工作。从医学角度来看，这样的观点也有一定的道理。然而褚时健似乎彻底颠覆了这个规律，74 岁可以创业，那么 64 岁、54 岁甚至 44 岁就觉得人生已经定型的人，在了解了褚时健的故事之后，会有怎样的感想呢？

褚时健的心被激情创业的熊熊火焰燃烧着，他成为了很多年轻人顶礼膜拜的“神人”，他们在二三十岁的年纪，就觉得自己已经心累了，可是如果拿他们和褚时健对比一下，才会发现有多么可笑。对于褚时健来说，74 岁创业，或许不是养生的最好方式，但和那种混吃等死的日子相比，这其中带给他的乐趣和信念支撑是难以衡量的。

当然，褚时健也说过，他之所以决定种橙子，也是为了改善生活，不过，这并非是“一切向钱看”的观念在作怪，而是一种不服输的精神力量在支撑。因为褚时健就是一个从底层摸爬滚打走上来的人，他始终认为别人能做到的自己未尝不能做到。

当一个人心怀某种信念的时候，让他闲下来反而会害了他，褚时健就是这样一个人，他说自己要是无事可做，身体会更加糟糕，因为他的心中没有希望了，而一个没有希望的人，就是一个被动活着的人。

褚时健是一个朴实的人，他的精神坚强，思想却并不复杂，关于种植褚橙，他向人谈起的都是一些看起来很简单很寻常的快乐，他说："我这个人，看到，噢！春天开花了，开完花嘛，又结小果了，我转一转，在果园待个三五天，看看果子又长大一截，整得好几回都抱起（抱着果树），看着就高兴，觉得生活充实。我对朋友讲：可能站在你的角度上看，我的生活困难太大，你觉得我 80 来岁的人，不再是年轻人了，不能不服老。我就说，只要自己想干的事情，干起来觉得身心舒畅，不干反而不好打发日子。他们说：'我们就没有勇气干你这种事了。'"

这就是一个真正具有企业家精神的人所说的话。难怪很多人都认为，褚时健具有一种中国式企业家的精神，他的强大并非在于他有多高的智慧或者多厉害的手腕，而在于他本身拥有一种不服输的韧劲，他的人生态度，他的创业激情，是非常值得人们去学习和讨论的。

跨界经营掀起水果风暴

褚橙火了，褚时健也再一次成为了不少人顶礼膜拜的教父级企业家。他的成功，让人们看到了品牌效应的重要作用：不管你之前是做什么的，只要被社会大众所熟悉，跨界经营一样会有意想不到的收获。更重要的，褚时健开创了一种全新的农业产销模式，被很多人奉为成功宝典。

褚时健开创了跨界经营的产销模式，一时间褚橙风靡全国，许多商界大佬看到这一市场前景，纷纷效仿，开始跨界投资。

2012 年 9 月，柳传志带领的联想麾下的现代农业板块公司佳沃集团，和青岛市人民政府签订了战略合作协议，联想将蓝莓作为主要产品，在青岛当地投资兴建了现代农业区域总部。

2012 年 10 月，佳沃集团将青岛沃林蓝莓果业有限公司成功兼并，并在第二年的 5 月 8 日正式推出了“佳沃”这个现代农业品牌。与此同时，佳沃的蓝莓也同时上市销售，经过一年的市场运营，佳沃在水果行业中投入 10 亿元资金。现在，佳沃的蓝莓规模已经达到了 6.7 万亩，逐步形成了一条品种引进、基地种植、种苗繁育为一体的全新产业链，成为了国内种植面积最大的蓝莓生产基地。

由于青岛地区的生态环境较好，政府相关部门办事效率比较高，所以柳传志认为自己这一步的选择非常正确。另外，由于蓝莓拥有很高的营养价值和经济效益，所以联想选择蓝莓是一步走对了的棋。

在柳传志看来，中国的很多企业为了一些蝇头小利而不顾别人的身体健康，这是非常可悲的。柳传志之所以涉足农业，也是为了恢复国人对中国诚信文化的信心。由于农业是一个周期比较长的投资，所以必须要根据团队的经济管理能力加大投资。

目前，世界农业的盈利模式，其价值分配比例为品种选育占据 5%，种植环节占据 25%，加工占据 20%，流通占据 20%，销售占据 25%，品牌占据 5%。从这个角度来看，农业不像其他行业那样有很大的暴利，也不会在短时期内赚到钱，其主要的利润来自于管理技术和品牌。为此，柳传志创建了一种全新的营销渠道。

比如，佳沃的渠道就是由商超、水果零售店和大客户销售三个部分组成的。很快，柳传志还将启动电商营销渠道，也会逐步对国内各个重要的大中型企业提供服务。2013 年，联想召开了一次大型的新闻发布会，出人意料的是，联想没有在发布会上发布电脑或者是手机，而是发布了一款名叫柳桃的水果。

顾名思义，柳桃，意味着柳传志种植的猕猴桃，柳桃走了和褚橙一样的品牌宣传模式，而且柳桃还和褚橙变成了一个组合。在柳桃发布会之后，有人认为这是 2013 年继褚橙之后的又一个带有励志色彩的农业产品。

2013 年，柳传志到云南拜访了褚时健，两个人抛开数码和烟草这些“老本行”，而是将谈话的内容放在了农业上，结果聊得非常投机。当时，褚时健送给柳传志一盒橙子，而柳传志则想到了将自己的柳桃放在褚橙之后，这就是对他个人的一种极大的鼓励。

当然，和褚时健的橙子相比，柳传志的猕猴桃倒是没有经历那种十年磨一剑的艰辛，更多的是一种对农业领域的尝试和探索，同时也关系到联想控股整体上市计划的布局。对此，柳传志将他的农业板块定位为“二级火箭”。

褚橙、柳桃先后推出之后，对中国的农业市场是一个很重要的发射信号，它意味着中国企业开始对中国新兴农业领域涉猎和进攻。如果细致分析的话，褚时健和柳传志所走的道路并不一样，褚时健是从小规模试验种植开始，而柳传志是铆足了精神要大干一场，他所选择的同样也是水果行业。

事实上，水果行业是一个大行业，目前在国内有超过5000亿元的规模和产值，在过去的十多年间，它每年的增长速度达到了13.6%，在未来的几年，其增长速度也会达到8%到10%左右。

有意思的是，在柳传志推出了柳桃之后，地产大佬潘石屹也进入到农业中，推出了他家乡甘肃天水的苹果，于是诞生了“潘苹果”。

与褚时健和柳传志不同，潘石屹本身对水果就充满了兴趣。

2013年9月，来自潘石屹家乡的有机苹果上线销售。这种苹果的最大卖点就是，采用自然农法进行种植。

什么是自然农法？其实就是利用山区小学生的尿来进行浇灌。这些尿统统来自甘肃天水修建的31个五星级山区小学厕所。凡是品尝过这种苹果的人，都将其叫做“最甜童子尿苹果”。

甘肃天水，是中国西部比较贫困的地区之一。所以潘石屹一直想为家乡人民做点事情，为此他在媒体上表示，要让天水地区的农民增收，让他们的花牛苹果走出去。

其实，花牛苹果并非是一个全新的品种，它在1925年的时候就开始在天水地区种植了。当时，花牛苹果是和美国蛇果同样出名的品种，也是中国地理标志产品，更是中国在国际市场上首次获得正式认证的苹果品牌。

由于天水地区海拔较高，很多苹果园位于山地地带，不仅有着深厚的土层，更有着充足的光照，这对苹果的生长十分有利。在这种比较独特的气候条件和地理优势之下，花牛苹果有一种特别的口感，吃起来松脆多汁，是苹果爱好者难以拒绝的类型。不过，花牛苹果一直因为其他品牌苹果产量的提升，和自身品牌知名度不高而卖不了高价，市场上的认可度也比较低。2012年，天水市的苹果总产量达到130万吨，然而卖到外地的只有总产量的三分之一左右，导致其积压了80万吨。花牛苹果的滞销引起了果农和地方政府的重视，所以潘石屹也决心帮助家乡人民解决这个难题。

为了实现推广花牛苹果的目标，潘石屹的SOHO基金斥资一千多万，在天水的31个山区小学修建了尿粪分集式的旱厕，以尿水种植来代替化肥，结果产出的苹果品质相当不错。潘石屹经过调查分析之后，认定这是一个可以持续发展的项目。

当时，潘石屹说服果农采用自然农法也费了一番工夫。他的助手向当地农民讲述："不套袋、不用化肥、不打农药"可以种植出绿色健康的苹果。在未来，潘石屹打算将这种种植法进行全面推广，争取在天水的全部地区都能够普及。关于具体的农法设计是：每年的三月份六月份和九月份，给果树浇灌尿液，这样可以起到养树和养地的双重作用。

在试行尿液浇灌的第一年，潘石屹的助手收获了2000斤苹果，拿出其中的600斤给了潘石屹，潘石屹品尝之后，马上发微博表示非常好吃，就是他小时候吃的那种味道。于是，潘石屹将这些苹果分给亲朋好友，让大家帮助他共同推广。

随着褚橙、柳桃、潘苹果进入市场之后，人们对食品卫生安全的问题也重视起来，因为他们都提出了"环保、绿色、无污染、有机"等健康生活理念，这恰好反映了当前广大人民对食品环境的担忧。

2013年6月17日，国务院食品安全办等14个部门，联合启动了中国食品安全宣传周活动。在这次活动中，国家提出了有关食品安全方面的建议措施，同时希望每一个企业和社会大众都能重视食品安全工作，为了自身的健康和幸福各司其职，成为食品安全的监督者和受益者。

也正是当下各种毒食品的泛滥，导致了人们对这个问题的持续关注。目前，由于中国的食品安全处于负重爬坡时期，监管起来比较难，也容易产生一些棘手的问题，所以需要有一个调整和完善的过程。从这个角度来看，食品安全的保障工作，是一个任重而道远的长期任务。人们渴望着越来越多的绿色食品出现，也希望能够回归到少化肥、少添加剂的时代。褚橙的诞生，恰好迎合了人们的这种需求，也带动了一股“绿色水果风暴”。

2

不疯癫，不成活

铁道边的孩童

1928 年 1 月，温暖的晨光洒在了云南省玉溪市华宁县的大地上，东方的一道红霞逐渐渲染了整片天空，光芒的使者再一次艰难地爬上了顶峰，放眼望去，整片天空都充满了诱人的气息。还在黑夜中熟睡的人们揉揉睡眼，伸个懒腰，听见不远处传来的一声声啼哭，人们知道这是一个新的生命降临到了人间，在和华宁县小城的人民打招呼问好呢！

这个小生命，诞生在一个战乱和贫穷的年代。

这一年，蒋介石恢复了北伐军总司令的身份；毛泽东带着部队在江西罗霄山脉开展了游击战争；奉系军阀张作霖在皇姑屯被日本人炸成重伤后不治身亡；统治中国16年的北洋军阀政府宣告倒台……

这个生在乱世的新生儿，就是褚时健。

每一个孩子的出生，必然给这个家庭带来无尽的喜悦，喜当爹妈的父母，亲友都要送上自己最真挚的祝福，褚时健也不例外，他的到来，给这个普通的农民家庭带来无尽的欢乐。

肉嘟嘟的小脸、红红的嘴唇、水汪汪的大眼睛，惹得褚时健的父亲见人就夸耀自己刚刚出生的小儿子是多么可爱。然而褚时健并不知道，为了保护他这个幼小的生命，他的父母当时是多么紧张，又是何等焦虑不安。

根据褚家家谱记载，褚时健祖籍是河南，在清朝咸丰年间，褚时健的先辈们来到云南的陆良天生桥，后来迁居到宁州府（今天的华宁县禄丰乡大黑者村）。几经辗转之后，褚家人来到了位于南盘江边上的奂则村。

按照辈分排列，褚时健的名字里就取了一个“时”字。父母并不奢求褚时健日后大富大贵，也从未想过他将来会成为华宁县著名的企业家。他们不是党员，不是机关干部，不是家产万贯的商人，甚至算不上是工薪阶层。他们只希望自己的这个小儿子平平安安，健健康康长大，这是为人父母最平实的希望，也是褚时健这个名字的由来。此外，他们还给儿子取了个小名叫石柱。

褚时健的上面原本有两个哥哥，可令人心碎的是，两个哥哥先后夭折。由于受旧中国封建迷信思想影响十分严重，家里族人都在讨论褚时健的母亲，有人说她克子，会给这个家带来厄运，还有人说她是一个“扫把星”，必须要清理门户，整顿家风。

一时间流言蜚语，在这个家庭中逐渐蔓延。忍受不了非议的母亲，不希望自己的孩子一出生就接受“不公平的待遇”，于是在褚时健还未出生时，就不得不和丈夫搬离了祖宅。搬出来的褚氏夫妻身上没有太多积蓄，吃饱穿暖都是问题，别提租住房屋了，无奈之下，他们带着小儿子来到人烟稀少、噪音繁杂的铁路附近生活。

这段铁路，就是当时著名的滇越铁路。

1884 年，清政府和法国签订的《中法简明条约》，正式承认法国对越南的殖民统治。到了 1885 年，清政府又和法国签订了中法《越南条约》，允许法国在中国广西和云南的通商特权。为了打通通商要道，法国修建了这条滇越铁路。

回溯历史，中国和越南一直就有着密切的往来，其往来的通道主要是通过东部的海防、北勘等海路以及四江、谅山等陆路再进入到广西从而向中国的内陆地区延伸。从地貌上来看，这段传统的中越往来路线比较平缓，从广西到河内也只有四百多公里的路程。如果从越南到云南，一般的路线是从海防红河口搭乘船只，顺着红河逆流而上，再通过老街进入到中国境内，继续走上百十公里就可以到达蛮耗口岸。登上岸之后，可以经由个旧、建水等地到达昆明，总计路程大概在 1000 多公里。这条路在越南大部分是水路，而在云南则都是陆路，要经过高山大河，非常危险，稍有不慎就会命丧途中。然而，法国人却看中了越南和云南的交通路线。

在法国人看来，云南对他们来说比广西更重要，这主要是因为云南的自然资源比广西要丰富，特别是矿产资源，比如锡和铜等等都是法国稀缺的。另外，云南地处中国边境地带，和中国内陆联系比较少，往来交通都只能依靠人背马驮才行。还有一个原因是，云南的气候冬暖夏凉，不像越南那样酷热难耐。经过实地考察之后，法国人认定自己有能力修建出一条从越南通往云南的铁路，这样他们就掌握了对云南经济的控制。以云南为辐射点，接下来就可以继续向中国的内陆延伸。最后，法国人凭借着实力和技术，终于修成了一条起点为越南海港城市海防，终点为云南首府昆明的铁路。由于这条铁路的轨距为一米，所以也被人们称作"米轨"。

由于滇越铁路工程浩大，所以被当时的英国《泰晤士报》称作和巴拿马运河以及苏伊士运河相提并论的"世界三大工程奇迹"。滇越铁路沿线的一切车站和桥梁等设施，都是在法国制造后，通过海运抵达越南，然后再通过人力和马力运送到云南进行现场安装，丝毫没有差错，可以说制作工艺是很精良的。只是人算不如天算，在滇越铁路通车以后不久，中国爆发了辛亥革命，帝国主义国家不得不收敛在中国的侵略行径，而法国在第一次世界大战中受到了严重的削弱，根本无力对云南进行掠夺和侵占，只能通过滇越铁路获得一点经济上的利益。

褚时健正是在这条铁路旁边长大的。当时，他的父母在这里不分白天黑夜地劳作，终于在褚时健3岁时，用微薄的收入勉强盖了一所小房子。虽然仅够一家三口相拥而住，但对他们而言，已是无比的幸福了。

褚时健的童年记忆都是在这所小房子里。白天，在没有火车经过时，褚时健和小伙伴们混迹于铁轨上。到了晚上，一家人在睡梦中便要忍受时不时奔驰呼啸而过的火车鸣笛声。

这一切，对这个在火车轰鸣中的小家来说，早已见怪不怪。在这轰隆隆的铁轨声音里，褚时健尽情享受着自己的快乐童年。

有时候，他会将耳朵贴在铁轨上，认真听着火车从远处到近处引发的震动；他还喜欢爬上高高的山坡，眼看着火车从远处开过来，钻进隧道再从隧道里钻出来；他还喜欢聆听火车那悠长且富有韵味的汽笛声。

孩童时代，褚时健对滇越铁路的认识是："船形的车厢，蛇行的路轨，英雄的司机，不怕死的乘客。"

明明是一条铁路，怎么会有这么一个奇怪的评价呢？原来，由于云南当地弯路比较多，而且山坡普遍比较陡峭，所以火车不敢开得太快，通常都将时速控制到20—30公里上下。所以敢于乘坐这样火车的人，自然需要几分胆气了。

南盘江的河水，也是陪伴褚时健成长的另一个"小伙伴"。它是珠江流域西江干流的河段，属于珠江的源头河段。每天放学之后，褚时健就将书包和衣服盘在头上，光着膀子跳到河里去抓鱼，从小就练成了捕鱼的好本领。那时候的褚时健，十分感激大自然赐给人们的丰富物产。后来当村子遇到饥荒灾年的时候，褚时健还凭着一身抓鱼的技术，填饱了自己的肚子。

正是云南特有的强烈光照，让褚时健从小就晒得一身健康的黝黑皮肤，加上他经常在外面玩耍，所以比其他孩子更黑一些。不过这一身黑色，也是他强壮体格的重要标志。

华宁县是汉族和彝族等少数民族的混杂聚居区，褚时健则长着一头卷曲的黑发，眼球呈现出浅褐色，手指头也是短粗结实的。或许，这是褚时健继承了拥有彝族血统的奶奶的缘故。

褚时健的父亲是一个酿酒高手，家里有半间酒坊，每年只要酿上3个月，就能给褚时健赚出一笔学费。由于经常跟着父亲一起劳作，所以酿酒的每道工序褚时健都烂熟于心，像什么放粮、蒸煮、搅拌、捞渣等技术活，他都能完成得很好。由于要经常参加农事劳动，所以褚时健养成了早起的习惯，而这个习惯保持了一辈子。后来，在褚时健种植橙子之后，他也习惯于早早起床，去园子里巡视，让他的工作和生活更充实，也得到了他人的尊敬。

一条铁路，一段江水，承载着褚时健的童年记忆，他的传奇人生也就此拉开了序幕。

少年时期的"痞子英雄"

褚时健算不上是一个乖乖男，小时候很顽皮，甚至带有一点"痞子英雄"的气质。他常常带着小伙伴们去打鸟，不过十次有八次都会打碎邻居的玻璃，弄得父母常常去给人家道歉、赔偿，为此，褚时健没少"挨鞭子"。

邻居们常常劝说褚时健的父母，好好管教儿子，不然长大是要"惹麻烦的"。可褚时健对父母的教导从来都是两耳不闻，父母也常常哭笑不得。或许，这种看似有些忤逆的"匪气"，正是成就褚时健日后创业时一身"霸气"的"元气"。

当然，褚时健虽然"痞气"十足，可在同村的一些比自己大几岁或十几岁的"村霸"看来，他不过是"过家家"、"小儿科"罢了。同村的村霸年龄各异，都是由于各种原因不读书，天天在村子里玩牌，混日子的。见到软弱好欺的小孩，不是找茬就是要钱，村里大多数孩子看见他们都绕着走。

在那个动乱的年代，没有法律的制约，连家里的父母也拿他们没有办法，似乎解决矛盾的唯一办法就是暴力。

有一天，褚时健自己走在路上，和一群村霸碰个正着，其中一个村霸头子为了显示自己的威风，让他把兄弟们手里的粮食一个个扛回他们的家中。他们不晓得，褚时健也不是省油的灯，哪里会乖乖听他指挥。只见褚时健举起一袋粮食就往相反的方向跑，一时间，“村霸”们还没反应过来，等了一会才明白了，随后开始狂追褚时健。

褚时健当时还小，跑不过那些年轻气盛的少年，眼看着“村霸”们就要追上自己了，他实在跑不动了，就在袋子上撕个大口子，粮食“哗”的一声撒在长长的铁轨上，而他头也不回地撒腿就消失了。

“村霸”们追过去看着地上的粮食，又觉得可惜，又气愤难当，可也没办法，因为看不到褚时健的影子了。

“村霸头子”回家挨了打，心中自然气不过，带着一群“伙计”，到处询问褚时健的下落。受过欺负的小伙伴们哪里肯说啊，在他们心中，褚时健可是“大英雄”呢！再说，“诡计多端”的褚时健早已用野果把大家收买了。

保护自己，需要做好万无一失的准备，把敌人能想到的事都提前布局，才能百战百胜。小时候的褚时健，就有这两下子。

除了跟“村霸”们斗智斗勇，褚时健还有更多的正事要做。偶尔，他会和父母一起去自家的地里劳作，打鱼摸虾也是他的拿手好戏。

幼时的生活条件虽艰苦，但对褚时健来说却趣味颇多。褚时健有一个很好的习惯，总是把碗里的米粒舔得一干二净，他从小就知道“粒粒皆辛苦”的道理，这也是为什么后来他在“红塔”18 年，资产不过百万的原因。

在褚时健的记忆中，一分耕耘一分收获，这句经久不衰的古训有着实实在在的含义。当然，这也归功于褚时健的父母，他们用一生向褚时健完美地诠释了这句话。

那时候，滇越铁路附近偶尔会看到一些法国人，他们又高又壮，满脸大胡子。每次褚时健看见这些洋鬼子时，都是一副不屑一顾的样子，把头仰得高高的。那些大胡子法国人则是低头看着眼前这个小屁孩，一脸疑惑，不知道这个中国小鬼的骄傲和神气从哪儿来。

这画面，就好像一棵大树底下长了一棵小草一般。然而谁也想不到，褚时健这个“仰头”的动作，为他日后生活中的“不认输，不服输”埋下了种子。

那条铁路的管理经营者，也是和大胡子一样的法国人，他们考虑到雇佣法国本土人来中国维护当时的铁路将会是一笔很大的开销，索性就雇佣了当地的农民，人多力多，更重要的是省钱。

在法国人看来，雇佣当地的农民已经节约了很多成本，甚至他们所出的钱只是支付给法国工人工资的九牛一毛，可在当时的小城，相比农民的收入而言，在这里上班的工人工资仍要高出农民一年收入的好几十倍，这足见当时中国农民生活水平的低下。很多农民都卖掉了土地，放弃了务农，给法国人打工。

褚时健也希望自己成为雇佣大军中的一员，每天上学放学路过那里时，甚至都在想，要是自己也能过去做工，不就能帮助贴补家用了吗？

别看褚时健调皮捣蛋，他也不是纯粹的不学无术者，他在学习上十分用功，目的只有一个，去当地最有名且工资最高的铁路上班，当一名优秀的铁路工人。

现在回想起来，可以说是那条铁路给了褚时健力量，让他在少年时意识到了努力学习的重要性，褚时健说自己当时只有一个想法，那就是要把书读好，一定要有文化、懂技术才行。

幼年时光一去不返，褚时健在点滴的童年趣事中也慢慢成长起来。他似乎开始知道，一个人要改变自己的生活，所依靠的绝不是外在因素，而是自己。只有自己，才是自己命运的主宰者。

1945 年，抗日战争结束，褚时健考上了昆明的一所中学，在那里开始着全新的人生。当时的褚时健，由于受制于县城的学习条件，所以不得不离开家去昆明读书。一只雄鹰，就此飞向更广阔的天空。

母亲在生活中，总会扮演一个唠叨的角色。临走前，千叮咛万嘱咐，告知儿子在外少惹事，照顾好自己……褚时健有一句没一句地应着。终于脱离了父母的视线，独自一个人“闯荡江湖”，这是少年时代褚时健的梦想，可以想象，到了新环境的他，又哪能按部就班、中规中矩呢？

褚时健在新的环境中，很快发挥自己的特长，当上了学委，进入了学生会，在学校很吃得开。校园里，很多学生都听过褚时健的名字，知道这小子不一般，成绩征服得了老师，性格讨得了同学欢心，这是褚时健人格魅力的体现。

时光荏苒，岁月穿梭，中国人民经过 8 年的全面抗战，终于将日本人赶走了，第二次世界大战也宣告结束。抗战结束后，很多中国人觉得日本人不在了，老百姓可以过上安生的日子，人人都以为胜利就在前方，安居乐业也即将要实现。

那时候，始终关心时事的褚时健站在操场上，仰望着天空，清澈的眼神憧憬着无限的未来。他在想着：在和平时期，自己可以做点什么事呢？是去当工人，还是在家务农？

可是造化弄人，时事残酷，抗战结束没多久，以蒋介石为首的国民党反动派悍然挑起了内战，中国大地上再度遍布硝烟战火，人们对和平的向往再次化为泡影。

褚时健生来就不是一个懂得“安分”的孩子，伴随着枪声的渐渐响起，他内心深处的激昂之血也被燃烧得沸腾起来。他将要彻底脱离原有的生活轨道，去一块新战场上体验别样的人生。

参加革命

内战打响之后，蒋介石凭借着美帝国主义的支持，向共产党领导的解放区发动了进攻，双方在中华大地上展开了鏖战。经过了三年多的时间，解放军终于从战略防御转入到战略进攻，而蒋家王朝的颓势也在1949年暴露出来。

这一年，正是中国大地黎明前的黑夜，褚时健觉得自己身体足够强壮，内心也无法继续平静下去，于是作出了一个重要的决定——投笔从戎，加入到云南武装边纵游击队当中。很快，褚时健就如愿以偿地成为了中国人民解放军滇桂黔边区纵队14团的一名战士。

这时褚时健仅仅是一名高中生。

有人会觉得，一个高中生最重要的任务是学习，为什么要放弃大好的学习时光去冒着枪林弹雨参加革命呢？当时，褚时健的想法是：国民不安，社会动荡，学习还能有什么指望？所以才下定决心，“不读书了，去打游击”，一张纸书捎回家中，随后义无反顾地参加了革命。

早在1945年的时候，中国共产党在当地的游击队就已经组建完毕，不过那时候还处于刚成立阶段，无论是从队伍规模上还是兵力上来看，都比较弱小，很难跟国民党的正规部队进行对抗。另外，游击队的生存环境也十分恶劣，常常面临着缺吃少药、弹药匮乏的情况。所以，面对强大的国民党正规军以及各地的军阀，游击队只能避其锋芒，在深山老林中安营扎寨，通过游击战的方式和国民党军队周旋。不过相比于北方的游击队，南方的游击队活动范围要更大一些，经常在西南一带的几个省之间来回穿插急行。不管是汉族聚居区，还是少数民族聚居区，都有游击队的身影。

在 1946 年内战全面爆发之后，游击队成为了解放军重要的补充力量，同样也是解放军的地方武装部队。1947 年 6 月6 日，云南的地下党领导的敌后武工队，在宣威的板桥发动了武装起义，打响了云南各族人民开展游击战争的第一枪，同时还成立了滇黔边区第一个游击队——六六分队。

1947 年 7 月，敌后武工队又发动了陆良起义并组建了陆良游击队。年底，他们又再次发动了弥勒西山和路南丰山起义。这时，罗平县中山乡的地下党已经成立了一支 800 人组成的地下武装力量。另外在 1947 年的 7 月，左右江的党组织关系被粤桂边工委书记正式接收。1947 年 10 月，粤桂边工委带领原来广东南路的一个团进驻靖西和镇边一带，打算在这里站稳脚跟之后继续向右江一带挺进，从而创建滇桂黔边区根据地。1947 年 11 月，粤桂边工委改名为桂滇边工委，转移到桂滇边一带发展势力。

1948 年 1 月，桂滇边工委来到云南之后，在云南全省境内开展了全面的游击战争。在这一年的 12 月 27 日，朱德总司令发布了成立中国人民解放军滇桂黔等 3 个南方边区纵队的命令。到了

1949年时，在合并云南省工委和桂滇边区工委的基础上，成立了滇桂黔边区党委，统一领导了云南、桂西以及黔西南边区党委的各项武装斗争和政治建设。

1949年7月19日，在云南砚山县的小学校里，云南省工委和桂滇边工委召开了一次合并扩大会议，正式宣告了中共滇桂黔边区委员会的成立，随后中国人民解放军滇桂黔边纵队也正式诞生。当时，司令员是庄田，副司令员是朱家璧，政委是林李明。整个云南和黔西南的游击队分为一支队、二支队、三支队等12个支队和2个独立团，还将桂西的游击队改编为左江支队和右江支队。

这次会议确定了边纵队的军事工作总方针：全面发动群众，展开游击战，以农村包围城市打造一支主力部队，同时配合解放军在南下的过程中解放全境；同时，扩大解放区，坚持消灭国民党残余力量，将滇西南和滇东南连成一片，而在滇东北和滇西一带尽可能地壮大声势，补充力量；在云南继续开展地下活动，做好接收工作的准备；在桂西一带大搞人民战争，巩固群众基础；在黔西南一带发动部队开展活动，从而最终实现解放四五十个县的战略目标。

这支边纵队成立之后，凭借着稳固的群众基础和灵活多样的战斗策略，多次打退了敌人的进攻，完成了"反围剿"的任务，并参与到了昆明保卫战和滇南战役等几十次战斗中，为解放战争贡献了力量。

在1949年的"反围剿"战斗中，人民解放军一举向西南一带挺进，蒋介石则坐镇重庆构建西南防线，妄图一举消灭掉边纵队伍。到了这一年的9月，在各族人民群众的支持下，边纵队开展了规模浩大的反围剿斗争，经过3个多月艰苦卓绝的努力，他们成功打退了敌人的进犯，保卫了革命根据地，捍卫了革命果实。

褚时健正是在这个时期入伍的，和他一起参军的还有他的两个堂兄。在如此严酷的战斗中，褚时健磨练了意志，锻炼了身体。不过，战友们的负伤和牺牲，更让褚时健意识到和平是多么的宝贵。而在对敌斗争中，褚时健的个人才华也充分地展露出来。

在一次剿匪战斗中，褚时健的两个堂兄都牺牲了，为了能够找回他们的遗体，褚时健冒着枪林弹雨冲向了阵地，在呼啸而来的飞弹之中愣是坚持了两个多钟头，最后找到了哥哥们的遗体，活着走出了战场。

那一年，褚时健仅仅20岁左右。

亲人的离去，让褚时健陷入深深的痛苦中，但也因此获得了强大的精神力量和誓死消灭敌人的决心。也是从这件事以后，褚时健身边的战友和指导员，都对这个年纪轻轻的小伙子另眼看待，由于当时部队里念过书的人不多，所以部队领导觉得褚时健是一个不可多得的人才，就提升他为指导员。

一个人有了更高的发展平台，其个人能力才能更加充分地体现出来。在褚时健担任指导员期间，他再次展现出了卓越的个人才华。

那时候，正赶上清匪"反霸"运动，几十万大军没有粮食，吃不上饭，就要饿肚子，哪里还有力气在战场上浴血奋战？部队的战斗士气势必要下降许多。为此，部队领导做出了一个重要决定，向当地百姓征粮作为战用物资。

当时，褚时健总是第一个完成部队下达的征集粮食任务，别人要几个月的时间，他只要半个月就能完成。表现出的机智和胆魄深得部队领导的认可，他们认为，褚时健是个足智多谋的书生，前途不可估量。

褚时健这把锥子，开始冒尖儿了。

其实，褚时健或许并没有领导认为的那么优秀，只是由于生活在农民家庭，父母紧衣缩食，所以他了解农民，理解农民，也就可以设身处地从农民的角度来思考问题。

就拿征粮工作来说，褚时健的出发点和大家是一样的：征到的粮食越多越好，这样就能为前线战士提供充足的食物补给，确保战斗的胜利。不过，褚时健的工作方式和很多人却不一样，他说："在这些问题上要自己好，也要让别人好。如果单要自己好，干什么工作、接受什么任务就搞大指标，会让大家很反感。"

由于褚时健太了解农民了，所以想问题做事情总是能够从他们的视角和立场出发，为农民的切身利益着想。在征粮的时候，褚时健知道农民肯定会不高兴，所以尽量在完成任务的前提下，给农民留下一部分口粮。相比之下，有人在征粮的时候就不这么想，他们会让农民有多少就交出来多少，这自然引起了农民的反感，甚至产生了对立情绪，这对革命工作是非常有害的。所以征粮工作做到最后，褚时健不仅顺利完成了任务，还和农民成为了朋友，得到了他们的信任，也维护了中国共产党和人民解放军的名声和荣誉。

褚时健做事让自己顺利，也要让别人顺利，这一原则在后来的红塔集团也得到了证实。那时，褚时健秉着自己好过，也一定会让工人和烟农过好的宗旨，带领红塔集团傲然立足于市场。

人毕竟不是神，终究摆脱不了肉体凡胎，改变不了世事轮回。有些人是在特定的环境中成长的，有些人是在成长的摸索中前行的，褚时健很好地把这两句话糅合了起来。

清贫的父母用行动教会了褚时健如何为他人着想，这使得他在部队中脱颖而出。一路奔走的褚时健，宛若一个执着于马拉松奖牌的运动健儿，不管风雨多大，他都坚信终点的彩旗是绚丽的。

褚时健顺利地度过了自己的青春时代，在学校，在部队，他以优异的成绩，过人的能力，让自己慢慢成为群体中的佼佼者。同时，他也逐渐形成了自己的人生观、价值观。

20 世纪 50 年代的剿匪战争，其实算不上真正意义上的战争，它只能被看做是中华人民共和国大局已定之后的散碎战斗而已，是巩固政权和重建社会秩序的一次“大扫除”。虽然规模不大，但是对褚时健和一大批参与者而言，却是他们终生难忘的经历

在剿匪战争结束后，褚时健不知道未来的自己会怎样，是否也如现在一般，如鱼得水。不过他相信，上天眷顾每一个人，眷顾每一个付出汗水和努力度过每一天的人。

“战士”褚时健

在战场上摸爬滚打了 8 年，褚时健得到了飞速的成长。8 年的时光，对于一个年轻气盛的小伙子来说，正是青春年华、大好时光，然而这个铁骨铮铮的大男孩，毅然放弃了学业，选择与国共存——这是怎样的气势和胆魄？

或许，一切都要归于褚时健对人生道路的选择。选择的差异，造就了人与人不同的生活轨迹。褚时健选择放弃学业去参军，自然会有另一番更为精彩的未来。

在清匪反霸运动中，褚时健的表现深受部队领导的赏识，他

“我在民心，深入民心，从农民的利益出发”的思想，深深扎根在领导们的心中，他也为此得到了当地农民的喜爱。农民开始乐于帮助军人，为军人提供必须的物资，更乐于帮助这个帅气的年仅 21 岁的年轻小伙子。

说褚老帅气，绝对不是空穴来风。当年的褚老，在部队中绝对是英俊潇洒的，受到了部队中仅有的少数女子兵的钦慕。褚时健长得一表人才不说，更是昂藏七尺，回头看看现在的褚老，即使到了耄耋之年，经历了风霜雪雨的吹打，也依然气宇轩昂，宝刀未老。

不过从当时的历史来看，褚时健还算不上是真正意义上的解放军，他所在的游击队，只是共产党领导下的时刻为解放军服务的预备军，是所谓的后备力量。他们没有解放军的专属胸牌，也没有解放帽，唯一的共同点，就是帽子上都带有五角星。

虽然服装不同，部队所属性质不同，然而褚时健却乐观地认为，无论他是否是一名正式的解放军战士，他的心始终是跟着共产党走的，也是心系人民群众的，所以什么番号什么服装都无所谓，只要他能够为民主和自由而战，这一切已经足够。所以，即使是褚时健身上唯一的那颗五角星，也让他充满了神圣感。在他心中，自己仿佛就是一名真正的解放军战士。乐于满足，不强求不属于自己的，以一种豁达和开明的态度坦然面对。

参军的日子，褚时健完全表现出了应有的男子汉霸气和潇洒，从来不掩饰自己的情绪，也不做作，更不刻意讨好领导。在他的世界里，只有“做自己”三个字。当时，战事不断，民不聊生，上万名热血青年、上万名西南边疆的地下武装青年选择了献身革命，他们凭借自己的热情、勇气和智慧组建了一支又一支生力军与敌人抗争，又哪里在乎称谓呢？

战争是残酷的，游击队没有经过严格的训练，游击队员很多也都是自发组成的，要面对国民党的正规部队，与军阀统治正面交锋，想起来就令人胆战心惊，且不说沙场经验欠缺，单是武装设备也是天壤之别。然而，他们却拿出了钢铁般的意志和敌人对抗，以不甚精良的武器痛击着反革命力量。

褚时健和队友为了躲避敌人的枪林弹雨，必须东躲西藏，经常选择深山和较为偏僻的地方扎根，要在几个省之间穿梭，才能保证自己不暴露。

那段日子是很辛苦的，可褚时健反倒特别开心。在深山时，偶尔打几只野兔，或向大家显示一下自己打渔摸虾的本事，也别有一番趣味，而且还能给大家改善伙食，何乐而不为呢？在那个大家庭中，最珍贵的是生死之交的兄弟情谊，这在重情重义的褚时健心中，抵得过一切。

1950 年，褚时健所在的游击队整编加入了中国人民解放军，这一年，他真真正正地成为了一名中国人民解放军。一样的着装，一样的解放帽，摘下帽子向天空挥舞、呐喊，他们像一群玩耍的孩子兴奋不已。

很快，和褚时健一样的游击队员们开始接受手枪打靶训练，慢慢地队伍强大了，战斗力增强了。用褚时健的话说就是，管他是多么强大的敌人，只要敢来进犯，一律消灭掉。

很多年过去了，褚时健依然忘不了当时打敌人的场景，更无法掩盖内心的激动。今日这个老人，宛若当年那个准备战斗的战士，他要在战场上，必定打得敌人落花流水，片甲不留。

不过，打仗归打仗，褚时健并没有忘记自己年少时的梦想

——奋发读书。在部队，闲暇之余，他总会找一本书来看，安稳地坐在石凳上，直到夜色暗了，月光已照不清书上的字了，才恋恋不舍地去睡觉。在那段一边背枪一边读书的日子里，褚时健研究过马列主义等革命著作。

和王石敬佩褚时健一样，褚时健在部队也有自己的偶像——刘少奇。

刘少奇善于根据马列理论，结合国家的国情，巧妙地为我所用，来解决新中国存在的一系列问题，其在政治上的远见卓识，让褚时健仰慕不已。褚时健虽未能从政，可他在商场上的游刃有余，不得不说得益于榜样的力量。

学习是一个不断积累的过程，在新中国时期，马列主义算得上是社会主义的新思想。褚时健与时俱进，接受了新生事物，思想是比较前卫的。

岁月的车轮行进到了1952年，这一年对褚时健来说是特别值得纪念的：褚时健正式成为一名中国共产党党员。

在部队，褚时健是一个品德高尚的中国共产党党员，时刻牢记党和人民的任务。他说，自己就是国家和人民的服务员，部队的工作没有高低之分，也没有贵贱之别，不论在哪个岗位上，都应该全心全意，才能对得起人民。

从一名普通的战士到一名指导员，再到后来的组长，褚时健年纪轻轻就尽显才华，一度被评为“优秀的共产党员”。他积极拥护党的纲领、遵守党的章程、履行党员义务，在工作上，积极主动、乐观向上；在学习上，踏实努力、奋发向上；在生活上，衣食简朴、乐于助人，是一个典型的“三好”代表。毫不夸张地说，他若出生在21世纪，必定是一路保送的高材生。

积极的思想，忘我的劳作，出色的表现，带给褚时健的一定是风光大好的前程。然而，意外总是不期而至，想象是美好的，现实却总是残酷的，褚时健并不知道，接下来会有一段凄苦的岁月等待自己。

作为战士的褚时健，身心都得到了极大的历练，似拥有了钢铁般的意志。再大的波折与坎坷，在这个硬汉子面前都不足畏惧。这种硬朗和锐气，也成为了褚时健日后人生道路上的“剑之双刃”，福祸相伴，命运多舛。

3

婚姻与爱情

和表妹退婚

18 世纪德国伟大的文学家、思想家约翰·歌德，在他的代表作《少年维特之烦恼》一书中，曾经写过这么一段脍炙人口的名言佳句：哪个少年不钟情，哪个少女不怀春。的确，在钟情和怀春的豆蔻年华，在富于幻想和憧憬的青葱岁月，少男少女们自然会有激动的澎湃和甜蜜的情愫，谁能抹去心中一缕缕的羞涩情怀和一阵阵的心灵骚动呢？

无论一个人具有何种性格，在他们的心海中，都必定泛起过一层又一层的情感涟漪。

褚时健也是如此，虽然从外表看来，他是一个不苟言笑的钢铁汉子，甚至会被人以为不解风情。或许褚时健在情感方面有时候不那么主动，是一个不善于和女孩子打情骂俏的人，但是他俊朗的外表和男子汉的个性，总吸引着一些女性围绕在他身边。

在褚时健的人生中，经历过四次情感变迁。每一段情感经历，可能在他自己看来有着不同的意义，并作为人生中的一部分，深深地烙印在他的生命里。这四个女人，也都是深深爱着褚时健的，只是最终牵手结缘的，只有一个。

第一个爱过褚时健的女孩子，名叫王兰芬。

这个女孩子并不是外人，而是褚时健舅舅王之羲的女儿，也是褚时健的表妹。1943 年，褚时健的爸爸褚开运在临终前，用一双颤抖着的手将王兰芬和褚时健拉到了他的床前，对褚时健说："石柱，今天叫你回来，是要给你和兰芬订亲。兰芬是个好姑娘，你不许欺负她。"

在旧中国，这种表兄妹、表姐弟之间的通婚比较常见，而这种由父母包办的娃娃亲，也不是新鲜事。很多人的爱情和婚姻，就是在这种"父母之命、媒妁之言"的老规矩中定下来的。纵然无奈，纵然不是最爱，也只能遵从规矩，这就是封建礼教对人性和自由的束缚。当然，也并非所有人都在包办婚姻中品尝的是苦果，婚后感情和睦者、相濡以沫者，也是大有人在。

不过，褚时健和这个小表妹的情况却有些不同。不知道为什么，褚时健对王兰芬并没有那种情人之间的感觉，缺少冲动，也缺少付出爱的勇气。

在父亲离世之后，褚时健每逢假期都要在家里烤酒，工作十分辛苦，常常累得汗流浃背。当时还在念小学的王兰芬，有时候会被舅妈打发过来帮忙。舅妈的意图很明显：既然定下了亲事，就要多走动才好，等到王兰芬再长大一些，两个人就可以正式拜堂成亲了。

说起来，褚时健也真是个“怪人”，那时候王兰芬正是豆蔻年华，身材高挑，容貌俏丽，让褚时健的妈妈很是喜欢，唯独褚时健自己对这个表妹没什么感觉。在褚时健看来，表妹越是对自己好，越是无可挑剔，他似乎就越会产生一种愧疚感。特别是当褚时健的母亲总是在儿子面前提到“王兰芬”这个名字时，褚时健更是觉得心里不是滋味。

也可能换了别的男孩子，心里没什么正事的，或者对男女之事特别“感兴趣”的，早就跟这个如花似玉的表妹眉来眼去了。只可惜，褚时健不是这样的人。那时候他正在昆明上学，脑子里想的根本不是儿女情长，而是学生运动。另外，褚时健也并非是爱上了别人，他除了和王兰芬接触之外，也没有和其他同龄女性往来。尽管如此，他单一的感情世界里，就是对王兰芬产生不了任何爱意。甚至在褚时健的心底，还有一种不想见她的感觉。

女孩子的内心都是敏感的，王兰芬对表哥的冷淡，自然是早有察觉，不过她还是认为，自己的表现总会让表哥有动心的那一天，所以她继续围在褚时健身边，期盼着他能投来热切的爱恋目光。

1951年，褚时健已经22岁了，王兰芬也19岁了，刚刚从玉溪师范学校毕业，被分到了家乡教书。如果单从外表上看，两个人真的是郎才女貌，一个英俊潇洒，一个亭亭玉立。自然，追求王兰芬的男孩子也为数不少，然而此时的王兰芬，心中朝思暮想的只有黑瘦英俊的表哥，对其他男人提不起兴趣。可惜的是，褚时健对这个出落得仙女般的表妹依然毫无感觉。

王兰芬再一次沉浸在单恋的痛苦中，她原以为父母之命能够给她的爱情以最坚定的保证，却没想到表哥对自己居然冷若冰霜。终于，褚时健的舅妈发现了女儿的心事，也意识到了褚时健对王兰芬压根就没有娶亲的念头，最后果断终止了这桩婚事。

婚约作废了，褚时健的心里似乎也落下了一块石头，他再也不用忌惮父亲临终的遗言了，他可以不必和王兰芬成亲了。当然，他不知道在婚约取消的那一刻，苦恋他多年的表妹是怎样的心情！在此之后，两家虽然还是一如往常地交往，但没有人再提起这件事，当时订婚的银手镯也没有退还。

这段充满了青涩的“被恋爱”情感经历就这样结束了，或许它没有在褚时健的内心留下任何深刻的记忆，最多也就是激起了点点涟漪而已。但是对于褚时健来说，他的感情世界从此不再空虚，还会有更多的女人闯入他的生活。

不懂爱情

第二个深爱着褚时健的女孩叫赵素贞。

那时候，褚时健年少有为，已经从一名普普通通的政府工作人员升任为青龙区的副区长，前途一片大好，关注他的女孩子也多了起来，不过其中爱得最深沉，也最真挚的，应该当属赵素贞。

当时的赵素贞是一名土改工作队的成员，和褚时健在一个办公室里工作。可能是朝夕相处的关系，让她比别人更了解褚时健的传奇经历以及他为人正派的作风，也正是因为此，赵素贞在不知不觉中爱上了褚时健。这种爱，不是花前月下的卿卿我我，而是一种融入了浓厚生活气息的关心和爱护。

在当区长的那段日子里，褚时健的工作很忙，从早到晚几乎没有闲工夫，然而收入却不高，家里还有弟弟妹妹需要照顾，加上一个大男人又不太会过日子，所以有时候日子会过得紧巴巴的。同在屋檐下的赵素贞，了解褚时健的家庭情况，像一个大姐姐似的照顾褚时健的弟弟妹妹，管着他们的饮食和起居，体贴入微得就像一个亲人，让褚时健非常感动。

不过可惜的是，褚时健虽然知道赵素贞对自己无限关怀，但他却是个对男女之情不是很上心、也不敏感的人，居然误认为赵素贞对自己的感情仅仅是同志间的友谊。所以，不管弟弟妹妹对赵素贞的评价有多高，他都没发现这其中暗藏着爱情的火花。

赵素贞对褚时健的大大呼呼，自然是有些不满的，也觉得自己付出了这么多却被划定为友情，实在是有些委屈。后来，作为局外人的一些同事们早就看出了赵素贞对褚时健的感情，也发现褚时健跟个木头似的无动于衷。于是，有热心肠的人实在看不下去了，就站出来替赵素贞跟褚时健挑明。

一次，一个资历比较老的同志，对褚时健开玩笑说，什么时候结婚请大家喝喜酒。褚时健随口说，他现在还没考虑结婚的事情呢。结果老同志马上接茬说：“你这可就不对了。列宁说过，革命者也要结婚生孩子嘛。再说，人家姑娘大了，等到什么时候是个站啊？”

起初，褚时健还没想到老同志说的是谁，可是很快他就下意识地想到了赵素贞，于是立刻脸红了：“您可别开玩笑，咱们是正常的同志关系。这种玩笑咱们受得了，人家一个大姑娘家，知道了准要和您急。”老同志听了哈哈大笑，说人家姑娘就怕他不知道，让褚时健好好考虑一下，给人家姑娘一个交代。

或许老同志的话多多少少触碰了褚时健的“爱情之弦”，他忽然觉得再面对赵素贞的时候，自己有点理不顺和人家的关系了。所以，到了第二天他和赵素贞见面的时候，心中免不了有几分尴尬。

从这天开始，同志们也经常拿褚时健和赵素贞开玩笑，而褚时健自己却说不清当时心中的感受是什么——是幸福还是无奈？相比之下，赵素贞倒是比褚时健更开放一些，依旧对他的弟弟妹妹们照顾有加。

终于有一天，褚时健被赵素贞对他家人的照顾深深感动了，头一次情不自禁地对她说：“小赵，你对我们太好了。”赵素贞回答：“是吗？同志之间嘛，这是应该的。”褚时健踌躇了片刻，问：“外面议论很多，我的意思是，这中间是不是有什么误会？”赵素贞笑了笑说：“什么误会？我觉得没什么误会。谁让你胡思乱想，思想不健康？”

褚时健被对方这么一反问，更是找不到话了，他吞吞吐吐半天，最后不得不打起了“官腔”：“咱们都好好工作，别让同志们说什么。现在形势这么紧张，工作这么繁重。”

本来赵素贞也不打算就这么跟褚时健挑明，毕竟在那个年代女性的思想还是保守的，但是听褚时健说得这么稀里糊涂，心直口快的赵素贞也实在受不了，就说：“别拐弯抹角了，有什么话就直说罢。我最烦一个男同志黏黏糊糊的。”

中国共产党宣布，褚时健听到这儿，也感觉这话不能再藏着掖着了，于是就鼓足勇气说：“我是怕别人说闲话。”赵素贞一听，笑了出来：“我当有什么了不起的事呢，鲁迅先生怎么说的？让别人说去吧，咱们走自己的路。”

这下，褚时健彻底没话了，只是呆呆地站在原地。赵素贞最后对他说："好了好了，别想那么多，好好工作。胡思乱想，就是思想有问题。"

这次原本能挑明关系的谈话，还是被褚时健的犹豫和赵素贞的封闭终结，他们还是像往常那样工作和生活。

对于赵素贞，最喜欢她的应该是褚时健的家人了，特别是他的弟弟褚时佐。当时，褚时佐上小学二年级，没事就找赵素贞玩，经常叫她"赵姐"。后来有人吓唬他说，现在解放了，再叫姐是封建社会的叫法，对女同志要叫"大嫂"、"小嫂"。于是，少不更事的褚时佐就管赵素贞叫了声"大嫂"。不想赵素贞被这一声"大嫂"感动得快哭了出来，她紧紧地抱住褚时佐，就好像真的成了他的大嫂似的。从那之后，褚时佐一直这么叫着，赵素贞也非常喜欢这个称谓。

终于有一天，褚时健听到了"大嫂"这个不伦不类的称谓，当场就批评了弟弟，让他改回到了"赵姐"。等到下一次褚时佐再见到赵素贞时，一声"赵姐"似乎将她拉回了现实。

赵素贞是个直脾气的人，发现自己喜欢的称谓变了以后，当即气得头昏脑涨，直接找到褚时健，质问他："我什么地方做错了，你就直说吧！"褚时健并不知道怎么回事，问是谁惹她不高兴了。

赵素贞见褚时健是真的没反应过来，也知道他就是这么个性子，所以没有把话说明白，而是拿出手绢擦了擦眼泪。褚时健一看赵素贞好端端的突然哭了，还以为是弟弟妹妹惹她生气了，于是赶忙跑到门口喊着他们："时英，时佐，你们都给我回来！"

赵素贞一看，就知道褚时健完全是想歪了，赶紧拦住他：

“不关他们的事。让他们在外面玩吧，别回来。”褚时健更糊涂了，问赵素贞到底是怎么回事。赵素贞打量了脑子始终“不开窍”的褚时健一会儿，最后恨恨地扔下一句话：“不知道你什么时候才长得大！”

也许赵素贞的这句话，让褚时健意识到了他们之间的问题所在，即便他再不解风情，也不可能对一个毫无瓜葛的女人的无偿付出视若无睹。不过，褚时健也渐渐发现，赵素贞对自己越好，他就越难以喜欢上对方，就像当初和王兰芬一样。因为这个问题，褚时健经常会夜里睡不着觉，翻来覆去地思索着，到底是不是自己的爱情神经出了毛病，所以才天生不会谈恋爱也不会爱上谁吗？

当然，褚时健是一个身体和心理都正常的男人，他之所以对这两个女人难以动情，问题在于王兰芬和赵素贞本身。她们虽然对褚时健付出了爱，投入了感情，但这种感情最终让褚时健感觉像是来自亲人的，而不是恋人。因为王兰芬和赵素贞都不会撒娇，也不会卖萌，更不会要媚，所以没有给了褚时健恋爱的感觉，也就不会爱上她们。

时间的推移，终于让赵素贞意识到自己和褚时健是不可能的，她起初也是不甘心，不想轻易放弃，甚至也为此哭闹了一阵，最后连死的心都有了。尽管褚时健的领导和同事都希望他们两个能在一起，但毕竟强扭的瓜不甜，最后只好苦口婆心地劝慰赵素贞——你们两个是真的走不到一起。终于，赵素贞死了心，终结了这段错爱，从此也消失在褚时健的情感世界里。

人非草木，岂能无情。褚时健虽然没有接受赵素贞的爱，但是他对赵素贞的感激始终铭记在心。当然，他之所以无法给予对方爱情作为回报，是因为他在对这段感情无动于衷的同时，内心对另一个女孩是敞开的。

这个女孩名叫白秀如。

白秀如不仅姓白，而且人长得也是肤色白皙，娇小可爱，性格也非常活泼，十分讨人喜欢。白秀如和王兰芬、赵素贞不一样，她的烂漫个性深深地吸引了褚时健，就像一根木头遇到了春天漫山遍野的花香，一下子复苏了。

白秀如的老家是玉溪一个小县城，小地方走出来的女孩，带着几分淳朴也带着几分对新鲜事物的好奇。那时候，白秀如在青龙街新华书店当一名售货员，由于她见识有限，所以阅历丰富的褚时健对她来说，无疑就像是一块功率极大的磁铁，总有些故事会吸引住她，也会让她的一些疑问得到解答。时间长了，白秀如对褚时健这种身经百战的老革命，充满了佩服之感。两个人一有见面的机会，白秀如就会问这问那，说个不停。

有一天，白秀如问褚时健，他是否打过仗。褚时健点点头，白秀如又问打仗好不好玩，褚时健一听有些哭笑不得，就一本正经地回答她，打仗可不是好玩的事情。白秀如像是明白了什么似的，又问褚时健是否杀死过人，褚时健回答：“不知道，真的不知道，大家一齐开火，扔手榴弹，敌人倒下几个，也不知道是谁打着的。”

白秀如听到这儿，眼神中立即涌出一种崇拜之情，她对褚时健说：“谦虚，您太谦虚。你们都谦虚。我听街上的人讲，您是连指导员，领着百十号人冲锋，一口气追出去几十里地。”

白秀如的纯真让褚时健感到很温暖，他告诉她，那时候他们主要是行军，泥里水里要一天走上个百八十里，所以很少和敌人交战，主要的任务还是跑。

尽管褚时健将战争说得好像很乏味似的，但白秀如还是对他的战斗经历十分感兴趣，她兴致勃勃地说：“我不信，褚区长哄人玩。我太羡慕你们了，腰里扎着武装带，头上戴着五角军帽，军号一吹，‘嘟嘟嘟’，端着冲锋枪，‘哒哒哒’，冲啊，杀啊！”

褚时健被白秀如的可爱劲激起了兴趣，他说：“打仗不好玩。我跟你讲一件事。”

褚时健开始给白秀如讲故事了。

褚时健打仗那会儿，由于经费紧张，所以边纵队根本没有钱买军服，往往是捡到什么就穿什么，有时候追击敌人几天几夜，有时候几天几夜被敌人追击。如果遇上下雨，衣服就一直湿乎乎的没法晾干，甚至会躺在泥地里睡觉，时间长了，衣服还会被山区里的树枝刮破，变得破破烂烂。一次，边纵队打赢了，褚时健他们缴获到了几件中央军军服。一天晚上，褚时健带着十几个战士在一个村口遇见了一百多号人，虽然看不清他们的军装，但是能看见他们手里拿着枪。那队人马立即问褚时健是哪个部分的，褚时健知道如果他们跑的话，对方就会开枪。所以有几个人说不如不跑，说不定还能遇到自己人。但是褚时健不同意这个建议，他认为这样做风险实在太大，所以无论如何都要赶紧撤退。结果褚时健带着大家跑起来之后，那队人就在后面猛追了起来，当褚时健他们钻到一片松树林之后，就不再追了。直到今天，褚时健也搞不清当时追他的是敌人还是自己人。

褚时健讲到这里，突然问白秀如：“我现在考你一道题：我们为什么非跑不可？”白秀如摇摇头说不知道。褚时健笑着为她解释说：“我来告诉你答案吧，我们十来个人，有的穿灰军装，戴五角帽，像边纵；有的穿黄军装，戴船形帽，像中央军；还有人穿蓑衣，穿马褂，甚至光脊背戴草帽，像土匪。远处对方看不清楚，不见得会开枪；要是走到跟前，无论对方是中央军、土匪还是解放军，都会朝我们开枪——不跑咋办？”

就这样，白秀如没事就围着褚时健让他讲战斗的故事，每每都听得十分入迷。日子久了，褚时健居然心中乱了起来。一天上班，同志发现他工作的时候注意力不够集中，做事也没有以前那么干脆利落，感到很奇怪，就问他怎么了。褚时健一愣，不知道该怎么回答，因为就在这一时刻，他忽然意识到自己的确是比以前不正常了。

这时候的褚时健，才是真的陷入到了恋爱之中，白秀如给他的感觉就是新鲜和兴奋的，每次见到她，褚时健都不由得怦然心动。不过，他不知道对方是怎么看待自己的，不知道她是不是也喜欢听自己讲故事。

生性不擅和异性沟通的褚时健，为了排遣心中对白秀如的思念和爱恋，只好在新华书店的门口徘徊，希望她能从里面突然走出来，却又对见了面之后该怎么办而不知所措。所以，有时候褚时健在门外犹豫很久也不敢走进去。

恋爱中的人是会注意自己的形象的，也特别在意别人对自己的看法。有时候，褚时健甚至会产生自卑感：人家是一个城里的姑娘，能看上自己这又黑又瘦的农村娃吗？他更不知道，自己走进书店之后，该跟白秀如说点什么，万一人家不搭理自己，该怎么办呢？

就这样，褚时健的心中变得越来越矛盾和痛苦。由于物极必反的道理，褚时健开始疏远白秀如，然而在内心深处却依然放不下她。外人很难知道，褚时健冷静平常的外表之下，藏着一颗剧烈激荡的心。在苦苦单恋白秀如的那段日子里，没有人知道褚时健的内心承受了多大的痛苦。

或许只有在这个时候，褚时健才能理解当初王兰芬和赵素贞所承受的煎熬之苦吧。

爱情的烈火终究是炽热的，终于有一天，褚时健出差路过青龙街时，再也忍受不了多日不见白秀如的思念，壮起了胆子走进了新华书店。

没想到由于很长时间不见面，白秀如再次见到褚时健的时候，竟然没有以前那么热情了，只是礼节性地问了问他最近的情况，然后就将褚时健送了出去。

面对白秀如的冷淡，褚时健自然心如刀绞，他忽然明白了人家姑娘对自己是没有什么感情的，一切都是水中月、镜中花。于是，失落万分的褚时健，怏怏不快地离开了新华书店。然而他刚走出几步，白秀如忽然追了过来，送给他一个用报纸包着的东西，说："我就要回玉溪县工作去了。感谢您对我的关怀和培养，这本书留作纪念，您带回去慢慢看吧。"

这个消息如同晴天霹雳一般，褚时健突然意识到，他以后恐怕是再也见不到朝思暮想的白秀如了。顿时，一种怅然若失的痛苦席卷了他的全身。他什么话也没有说，只是木讷地从白秀如手中接过那个包裹，将它装进随身携带的挎包里，然后头也不回地走了。

褚时健大概是有生以来第一次尝到了失恋的滋味，他甚至都没有再看白秀如最后一眼，两个人就背道而驰了。

回到家之后，褚时健茶饭不思，做什么事都打不起精神来。

至于白秀如给他的那个包裹，他甚至都没有勇气去拆开。是啊，人已经走了，留下一本书还有什么用呢？

过了几天之后，褚时健的心情渐渐平复起来。毕竟，他是一个有事业、有追求的男人，不能总是让儿女情长牵肠挂肚地影响自己。于是，他把白秀如送的那本书慢慢翻开，谁知翻了几页之后，忽然从里面飘出了一样东西。

褚时健捡起来一看，心脏差点停跳了，那是一张白秀如的四寸照片！那美丽的脸庞，那惊鸿一瞥的眼神，那甜甜的微笑，让褚时健刚刚平复的心瞬间悸动起来。

在那个年代，如果一个女孩送给一个男人照片的话，十之八九是对他产生了爱慕之情，否则不会做出这种“轻佻”之举。也正是在看到白秀如送给自己的照片之后，褚时健才如梦初醒：原来白秀如也是喜欢自己的！

褚时健万万没有想到，一个这么漂亮的城里姑娘会爱上他这个黑脸汉子。顿时，一种后悔之感涌上他的心头：为什么他要用疏远和冷漠去怠慢白秀如呢？让人家的一片痴情渐渐枯萎了。褚时健开始痛恨起自己的胆怯和懦弱，如果他敢于向白秀如表白，如果他和白秀如一直保持着联系，就不会有今天的离别了。

当然，褚时健并非没有机会挽回，可这个时候赵素贞还留在他的世界里。当领导和同事了解到褚时健和白秀如的往来之后，觉得他这是在“脚踩两只船”，都为赵素贞感到不公。为此，褚时健还受到过县委书记徐广步的批评：“小褚，你要干什么！小赵要有个三长两短，你负完全责任，看你狂的，还管不了你了！”

要知道，书记平时对褚时健是非常欣赏的，但是由于赵素贞为了褚时健寻死觅活，闹得整个单位人尽皆知，这样的事情如果不加以控制，万一真出了事谁也撇不干净。所以，徐书记才对褚时健的“冷漠无情”十分不满，迫使他无法再和白秀如正常来往。

此时的褚时健也明白，县委书记代表着党，而党的命令是不能违抗的，加上赵素贞的一往情深，让他也无法在夹缝中做人。思前想后，褚时健狠狠心，在一天夜里给白秀如写了一封绝交信，并将那张看了不知多少遍的照片退还给了她。

或许，在褚时健投递这封绝交信的一刹那，他的心也四分五裂了。

从此，褚时健和白秀如再也没有联系。那个让他曾经魂不守舍的女孩子，在他的生命中永远地消失了。

步入婚姻

第四个走进褚时健情感世界里的女人，是最幸运的，因为只有她最终和褚时健走到了一起，也只有她，最坚定地陪伴在褚时健左右，经历了别人没有经历的，也深深地嵌入到褚时健的生命中。

这个女人就是马静芬，一个和褚时健共辉煌、同荣辱的铁血娇妻。

作为一个风云人物的妻子，马静芬并没有完全隐退在褚时健的光环背后。当记者们的镁光灯一次次对准褚时健狂闪不断时，他们也会用镜头记录一下褚时健身后的这个女人。在成功男人的身后，总会有一个女人在默默地付出，而她的奉献和支撑，常常起着外人难以估量的作用。所以，这些幕后的女人，更应当被掌声和鲜花包裹。

在褚时健的人生路上，苦难和坎坷是宝，她的妻子马静芬也不例外。褚时健选择与自己的妻子马静芬步入婚姻的礼堂，携手共度余生，也正是因为马静芬曾给过他感动。这份感动中，有支持、有鼓励，更多的则是热得发烫的爱。

在没有认识马静芬之前，褚时健的感情经历总是一波三折，有善始却没有善终。所以在一段时间内，褚时健几乎不再去考虑个人问题了，而是将全部的精力放在工作上。然而在遇到马静芬之后，他的“守身如玉”终于被打破了。

1954年的春天，天空放晴，大地复苏，百花盛开，到处都是一派和谐并充满暖意的景色。这时候的褚时健，已经成长为玉溪地委宣传部干部管理科的一名科长，负责玉溪市以及玉溪市管辖范围内的各个县城的文教卫生宣传工作。

作为工作组组长，褚时健带领着自己的组员来到呈贡县听取工作汇报，在和县文教科长聊天的时候，他听科长反映，中心小学的一名女教师总是给教学革命工作带来麻烦，导致教学革命每次都不能顺利进行，她堪称是教学革命中的“蛀虫”。这名女教师，就是褚时健后来的妻子马静芬。

革命尚未成功，谁有这么大的胆子在教学革命工作中捣乱，这不是自讨苦吃吗？

褚时健在脑海中想象着这名捣乱的教师：涂脂抹粉，烫着卷发，画着口红，叼着烟卷——和电影中的女特务没什么两样。褚时健觉得，这个叫马静芬的教师太不识时务，他决定好好“教训”她一顿。

在呈贡小学的大会上，褚时健谈到了当前教学革命的重要性和大好前景，批评了一些教学界的不良现象，指名点出了马静芬的名字。

顿时全场鸦雀无声，所有目光都聚集在了马静芬这名年轻的教员身上，马静芬慢慢地站了起来。

在这之前，褚时健没见过马静芬，当他看到马静芬站起来时，不由得惊呆了。眼前这名年轻、清纯、有朝气的女教员，跟自己想象中的“捣乱分子”的形象大相径庭。愣了几秒钟后，他马上和颜悦色地说：“你的问题，会后我们单独谈，现在继续开会。”

“会后谈就会后谈，谁怕谁呀！”马静芬十分不屑地看了褚时健一眼就坐下了。初次见面，褚时健被马静芬的几句话顶了回去，想不到这个年轻的女子这么大火气。在人数众多的会议上，褚时健顿感自己丢了面子，可又不能发火，只好装作无所谓的样子继续开会。

冷静下来后，褚时健觉得自己的做法欠妥，怎么能当着全校老师的面，批评一个初出茅庐的女孩子呢？他决定亲自找马静芬谈谈。

在这之前，他对马静芬进行了预先“调查”。他了解到，马静芬这种大小姐脾气是有根源所在的。马静芬出身于名门贵族，其父亲是昆明市银行的经理，她在家中排行老二，被人称作“二小姐”，从小做事就是直来直去的，说话大胆，生性有些顽皮，还带着一点任性，不过做事却雷厉风行。

大致了解这些情况后，褚时健找到马静芬，并诚恳地向她道歉。起初，马静芬对褚时健的批评没怎么往心里去，后来褚时健的一句话让她备受感动。当时的情况是，马静芬跑到昆明去游山玩水，褚时健便指责她这样做会让学生无法上课，影响学校的正常教学秩序，而马静芬的回答却是：谁能没有一点私事儿，她也是有着特殊情况的。

褚时健听到这儿，便没有继续责怪下去，而是缓和了口气说："特殊情况你也应该提前说一声，你一个姑娘家，万一有点啥状况，我怎么向你的家人交代？"

就是这一句饱含着关爱的话语，让马静芬顿时感受到了一种温暖，她也忽然发现褚时健也是一个粗中有细的人。随后，褚时健又承认了自己在会议上的行为实在欠考虑，希望得到她的谅解。殊不知，听到这一声"对不起"的马静芬竟然哭了起来，弄得褚时健不知所措。

马静芬的哭其实不是源自褚时健，而是觉得"委屈"。她跟褚时健说，学校里正是有些嘴脸丑恶的教师存在，才有不正之风的。一股脑地，她把呈贡县教育界的种种腐败都说给了褚时健，听得褚时健一身冷汗。

在褚时健的心中，教师是一个神圣的职业，是不允许有一点杂质掺入其中的。可他从这名年轻教员的话中，听到的却是另一番景象。

褚时健有点为难了，因为科长之前交代过，这个女教员蛮横不讲理，可眼下的实情，却是一个弱女子在用自己的方式与"黑暗势力"做斗争，到底孰是孰非？

为了摸清真相，褚时健背着科长，私下里找来了几位老资格教师了解情况，结果发现，马静芬的每一句话都是对的。一瞬间，褚时健对这位年轻、漂亮又充满正义感的女教员马静芬肃然起敬。

在随后的一次次交谈中，马静芬也从褚时健身上看到了一个不一样的教育工作者，这个年轻的副科长和自己一样，有着崇高的信仰，充满了正义感。可以说，两个人是“不打不相识”，通过一次又一次的交谈，拉近了彼此之间的距离。后来，只要褚时健一有空，就会去学校找马静芬，不光是谈工作谈学校，也谈人生和理想。日子一长，两个人彼此产生了好感，恋情也慢慢浮出水面。

有一次，在学校旁边的一个山坡上，褚时健对马静芬说：“我这个人是吃过苦的人，跟我在一起，只怕也会跟着吃苦。”马静芬听了之后说：“苦点怕啥？只要在一起，就是最大的快乐。你到哪，我跟到哪。”就这样，1955 年冬天，褚时健和马静芬牵手结为伉俪，组建了属于他们的家庭。而在这一年，褚时健还当上了玉溪行署人事科科长，可谓是双喜临门。

出身于大户之家的马静芬很体贴丈夫，没要求新房，也没要求任何彩礼，他们的婚礼更简单，亲朋好友聚在一起，凑个热闹，就算是结婚了。

褚时健和马静芬没有置办什么像样的家具，只不过是让双方的同志们聚在一起，吃点糖果、喝点茶、开开玩笑罢了。当时，马静芬还高唱了一首《红梅花儿开》助兴，褚时健也被“闹洞房”的逼着唱了一首《渔光曲》，最后幸福地接受了双方领导对他们的祝福。

不过，结婚之后的褚时健和马静芬，很快就分居了。一个继续在玉溪当科长，另一个在呈贡当教师，只有周末的时候才能相聚在一起。一年过后，马静芬生下了一个女儿，取名叫褚映群。又过了一年，小两口开始时不时闹点别扭，然而再过一年情况就变得危急了：马静芬向褚时健提出了离婚。

在旧中国，离婚几乎是男人的特权，妇女想也不要想。然而在新中国成立之后，妇女地位得到了提高，离婚也不再是男人的“专利”，作为社会主义的新女性，只要对婚姻不满，也有主动提出离婚的权利。

当时的情况是，马静芬不满和丈夫的两地分居，而女儿褚映群又是跟着爸爸在玉溪生活，马静芬则在一个叫大庄街的小学当老师，虽然距离玉溪只有5公里，然而由于工作很忙，所以她十天半个月才能见到女儿一次。此外还有一个外部因素是，马静芬得罪了玉溪县的文教科长，所以导致她的人际关系非常紧张。每次从学校回到家里之后，马静芬就会向褚时健大倒苦水。

让马静芬没想到的是，褚时健对她的遭遇不仅不表示同情，反而觉得是她自己造成的，总是对她说：“你要多找找自己的原因，干好本职工作，不要乱讲。”

马静芬失望透顶，她没想到作为丈夫的褚时健竟然对自己这么冷漠，于是她只好自己想办法解决问题。很快，马静芬决定要在学校里贴出大字报，批评专横跋扈的玉溪县文教科长。其实，文教科长也在等着这张大字报，他也早就看马静芬不顺眼了，当时正好赶上反右斗争，如果马静芬真的贴出去正好给了他打击对方的一个绝好机会。

与此同时，褚时健也知道了这件事，不过他没有表示对这个问题的反对，而是告诉马静芬不要和文教科长闹得不可开交，这样会给自己带来麻烦。最后，马静芬没有贴出大字报，但是却和丈夫闹起了别扭，一个多月不回玉溪一次。最后，马静芬给褚时健写了封信：

我在乡下实在没意思，太孤独。结婚没意思，太没意思了。每次回城见到女儿，我都要在心中流泪，我对不起孩子，没有给她应有的母爱。我现在唯一的愿望，也是对你唯一的请求，就是能让女儿回到我身边。我太孤独了，需要有人作伴。不知这个你能理解吗？你能答应我这个小小的请求吗？

褚时健收到这封信之后，并没有重视这个问题，或许他天生就是一个对女人不是很了解的人，也不愿意费心去研究，所以对妻子一个多月没回城的危险信号视若无睹。他给马静芬的回信也是非常简单：

说实话，我很难理解你的“艰难处境”。我很难理解，在这样一片大好革命形势下，身边有那么多革命同志，还有人感到“太孤独”，感到“太没意思”。我们每个革命者，都要自觉改造世界观，自觉用马克思主义、列宁主义和毛泽东思想武装自己的头脑，自觉投身到火热的阶级斗争、生产斗争、科学实验中去。

马静芬收到这封回信的第一个感觉就是，褚时健在给她上政治思想教育课，而且答非所问，根本没花心思去理解她作为一个女人和母亲的心情。于是，从小被宠惯了的马静芬马上回了一封措辞严厉的信：

我出身于一个非无产阶级家庭，思想行为无不打上资产阶级的烙印。对于我这样的人，唯一出路是“彻底向无产阶级投降”，才配做“革命者”的老婆。我也想明白了，为今之计，最妥当的办法，就是你走你的阳关道，我走我的独木桥。如果方便，请你起草一个离婚协议书，我会在上面签字。

这封信，不能不让褚时健震惊，他这时才意识到了问题的严重性，于是他马上请了假来到乡下，对马静芬好生安慰。马静芬对这迟来的安慰很是不满，又哭又闹，将心中压抑已久的委屈释放出来。不过很快，她愤怒的情绪终于得以安抚。从此不再提及离婚两个字。因为，她从褚时健的表现可以看出丈夫还是爱她的，生怕失去她。

婚后的生活自然是甜蜜的，可好景不长，刚怀了孕的马静芬收到丈夫被捕的消息。挺着大肚子的她，执意要跟随褚时健一起去接受组织的批斗，褚时健很生气，他让马静芬赶紧回家，而马静芬的倔强劲儿来了，说什么都要跟着一起去。

后来，褚时健被送去“劳改”，马静芬就带着女儿一起跟着他去农场住。那时，人们总能看见一个女人领着一个孩子在田间劳作，这个女人就是马静芬。在马静芬的世界中，褚时健在的地方才是家，虽然自已的家境很殷实，可嫁给了褚时健，就要和他在一起，她不怕吃苦，不怕干脏活累活。她知道，自己也非千金小姐，没那么矫情。

从这之后的60多年的岁月长河中，褚时健和马静芬不管是在人生最辉煌的顶峰，还是在最艰难的谷底，无论是人前风光还是人后垂泪，他们都相濡以沫地互相搀扶着，走过了一段段传奇的人生。

这才是真正的同享福和共患难，也正是彼此之间不离不弃的陪伴，才给了对方继续生活下去的勇气。

4
燃情岁月

正义办案

挥别了战争年代，辞别了血雨腥风，褚时健终于盼到了他渴望已久的和平时期。只是，在中华人民共和国建国初期，几经战乱洗礼的国家，依旧是一幅百废待兴的残破图景。为了尽快建成一个全新的中国，褚时健投入到了国家的建设工作中。凭借着他优越的个人才能，褚时健在 20 多岁就当上了区长。1955 年，褚时健又出任玉溪地区行署人事科长。

那一年，他才 27 岁。

倘若后来的政治环境一直稳定的话，相信凭着褚时健的能力，继续向上走是没有任何问题的，褚时健恐怕也会继续他的仕途人生。然而世事再一次弄人，褚时健日后的人生并没有像他料想的那样顺利，他也未能继续在官场上平步青云地发展，而是被历史的车轮被动地推着向前，卷入到了一场政治运动之中。

1955 年 7 月 1 日，中共中央发布了《关于展开斗争肃清暗藏的反革命分子的指示》，由此在中国大地上揭开了肃清反革命集团的新斗争。8 月 25 日，中共中央再次发布了《关于彻底肃清暗藏反革命分子的指示》，号令全国人民遵从中央的“七·一”指示精神，进一步开展肃清一切反革命分子的运动。

应该说，这场政治运动的出发点是好的，因为当时中国大地上依旧残留着一些反革命叛乱分子，他们到处搞破坏，残杀干部群众，肆意攻击新中国，给国家政权和社会稳定带来了极大的破坏，所以党和国家才决心清理反革命残渣余孽，保卫来之不易的革命成果。

这次政治运动，是伴随着一个重要事件开始的——胡风反革命集团案。

“肃反”运动刚刚开展时，是学习有关“胡风反革命集团”的材料。随后，就进入到了坦白检举和互相揭发的阶段，让这场运动在具体执行的过程中出现了偏差。

当时作为玉溪地区的行署人事科长，褚时健的工作量和担负的责任不言而喻，为此他还被上面任命为“深挖美蒋特务”的专案组长。

美蒋特务在当时的中国确实存在，但是如果让中国每一个地方都找出几个来，那就有些不切实际了。就在他愁眉不展之际，有人忽然向他“爆料”了一条重要情报：在玉溪抓到了一条“大鱼”——罗载兴。

罗载兴是何许人也？他是玉溪本地一个很有威望的大夫，年轻有为，医术高明，而且宅心仁厚，深受当地人民群众的爱戴。按说，口碑这么好的人，怎么会是美蒋特务？

要是换了一个糊涂官，或者是一个自私自利的伪革命者，肯定会将罗载兴当成真的美蒋特务。但是褚时健不会轻易相信，他会根据自己的判断来给罗载兴定性。可就在这时，检举人又给了褚时健一份罗载兴的自供材料。

在材料中，罗载兴说他曾经在西昌跟随一个名叫任福根的美国人当过牧师。也正因为和美国人打过交道，所以他被人看成是美蒋特务，而且还被逼着交代他和任福根的来往细节。起初，罗载兴无论如何也不承认自己是特务，但是在严刑拷打之下，他最后只能被迫交代了“罪行”。

褚时健认真看了罗载兴的交代材料之后，对这份前后矛盾、漏洞百出的材料充满了怀疑。为了不冤枉一个好人，他决定亲自对罗载兴进行审问。

经过一番盘问，褚时健证实了罗载兴根本没有到过成都，但是却在材料中交代了自己到成都的塔楼上安装秘密电台的“罪行”。当褚时健问罗载兴为何要交代一个没有做过的事情时，他痛哭流涕地说，自己是被打怕了，所以人家让他承认什么就交代什么。

原来，罗载兴只是和任福根见过两次面而已，其他的时间里俩人没有什么来往，都是在本地各自行医，不可能产生其他的联系。搞清事实之后，褚时健马上让罗载兴重新写了一份详细的材料说明，在他签字画押之后就将他放走了。

那个年代，最怕的就是谣言诽谤，哪怕是捕风捉影的一面之词，常常也能给一个人带来灭顶之灾。有人开始在私底下说，褚时健肃反不力。但是褚时健还是坚持了自己的决定，为此说出了一句铿锵有力的话：“做人不能昧着良心。”

多年以后，褚时健说：“那些年我就想：你叫我干什么我都会干，但做政治工作我不会，整人我不会，对我们这种人，从做人的原则来说觉得不合适。”

这就是褚时健，一个不会脑子里“绕弯”的人，一个不会给自己“创造”飞黄腾达机会的人，但正是这种独特的人格魅力，构成了他的传奇人生。在当时，他是一个“不称职”的专案组组长，但却是一个“良心称职”的共产党员。

打成右派

人天生就是一种有野心的动物，这种野心抵过猛虎的贪婪，胜过狮王的觊觎。蛇欲吞象，必是折戟沉沙。故此，成功又哪是坐着闲聊就能获取的？风云榜上那些著名的企业家，哪一个不是弯了一次又一次的腰，断了一场又一场的梦？

“要不是后来因为被打为右派，褚时健或许会成为高官。”褚时健的弟弟褚时佐是这样回忆哥哥的那段往事的。

对于20世纪50年代的历史，岁数大的人和对历史感兴趣的人并不陌生。在建国初期，由于国际环境紧张，中国共产党党内发生了一场整风运动，以打击“右派”为主的政治运动在中国掀起一波新浪潮。

1957年4月27日，中共中央发布了《关于整风运动的指示》，决定在党内进行一次以正确处理人民内部矛盾为主题的政治运动，运动以反对官僚主义、宗派主义和主观主义为主要内容，号召人民群众向党提出意见和建议。

应该说，这是一次发扬社会主义民主、加强党建的重要举措，也是广开言路、接纳各种不同意见的一次“深度对话”。所以，广大人民群众和一些党外人士都积极地响应号召，向共产党提出了很多合理且有意义的建议。不过，在这个提意见的过程中，也有一些为数不多的居心叵测者趁机煽风点火，声称要和共产党轮流执政等等，这样一来，致使整风运动的政治风向发生了转变。

其实，整风运动的出发点是好的，毛泽东主席对一小撮捣乱分子的关注也是有必要的，毕竟建国伊始，政权需要巩固，反革命坏分子也需要彻底肃清，不过将这个问题过分地看重就造成了反右的扩大化。于是，在中国大地上出现了大鸣大放、大字报大辩论的场景，在全国范围内掀起了一场群众性的政治运动。

群众性的政治运动有一个突出的特点，那就是极易被误导和蛊惑，而其爆发的威力也是非常巨大，所以一旦被不明是非者或者阴谋家利用，群众斗争的矛头很可能错误地指向自己人。

在这特殊的历史时期，褚时健再次被推到“风口浪尖”上——他被任命为玉溪专署反右工作组的小组长。这下，天生不会“整人”的褚时健，又面临着各种抓右派的指标和任务了。最开始，上面给褚时健的反右指标是3%，后来又逐渐增加到4%、5%……这些指标背后隐藏的意思是：如果褚时健掌管着100人，就要从中查出3个、4个乃至5个“右派”。

毋庸置疑，从不会昧着良心做事的褚时健，必定是一个“反右不力”的小组长。因为在他看来，小小的玉溪哪有什么右派分子，那种报纸上说的反革命他一个也揪不出来。可是让他没想到的是，自己没“揪出”几个右派，反右的指标居然一路飙升到了20%！

在100个人中找出20个右派来，这么大的一个比例，让褚时健实在无能为力。隐隐地，褚时健觉得这个数字总有些不对头：很多人明明奉公守法，却被人说成是右派，很多人老老实实，也被说成是反对共产党……对于这样的冤假错案，褚时健实在进行不下去了。结果，他连5%的指标都没有完成。

反右指标没完成，褚时健就只好自己倒霉。有人说他心慈手软，对阶级敌人充满怜悯之情，对此褚时健也是无可奈何，顶着唾沫星子坚守他的做人原则。

1958年，30岁的褚时健“捅了个大篓子”。当时，上面派来了检查专员，让褚时健配合他帮着给人家“谋点私利”，生性耿直的褚时健自然不懂得“察言观色”，结果惹怒了那位领导。正好褚时健头顶着“反右不力”的帽子，于是乱七八糟的罪名往他身上一推，就将褚时健定性为“右派分子”。

当时，对于这一切，马静芬并不知道，她还以为一家人的生活会平静地继续，然而噩梦很快就降临到了她的头上。

1958年的一个星期六下午，马静芬带着两岁的褚映群回城里，谁知刚刚走了一半，却正好撞见了迎面而来的褚时健。马静芬感到很奇怪：明明说好了这个周末要在城里过的，怎么他自己出来了呢？于是，她就要开口问是怎么回事。结果，褚时健看到马静芬之后，二话不说抱起女儿，让马静芬跟着他回学校。

到了学校之后，褚时健从上衣口袋中拿出一个存折对马静芬说：“这里面有200元钱，是你和映群今后生活的经济基础。你把它放好。”马静芬被丈夫的一系列举动弄糊涂了，她不接存折，问他到底发生了什么事情。褚时健说："你拿好，保存好，有人要闹事。"

马静芬一听顿时急了，忙问："闹什么事？有人要整你？"褚时健没有回答妻子的这个问题，而是口气沉重地告诉她："不要问了，知道也没什么好处。我要离开两三年，你和孩子要多保重。"

这时的马静芬才知道褚时健连同他的好友王瑞亭一起被打成了右派分子。顿时，马静芬犹如当头棒喝，万分震惊。她怎么也没有想到，一向遵纪守法、爱党爱国的丈夫，居然也成了遭人唾弃的"右派分子"。不过既然事情已经发生了，她只盼望着上级能睁一只眼闭一只眼，对褚时健能够宽大处理。

事实证明，马静芬的愿望只是个美丽的泡沫而已。1958 年，褚时健被"发配"到了元江县的红光农场接受改造。

临出发的那天，马静芬一直送着褚时健，先是到了玉溪的柏田，因为舍不得爱人，又一路送到了元江当地。在他们分别的时候，马静芬眼含热泪，她当然知道褚时健为什么会被打成了右派，也知道等待丈夫的是一个什么样的生活环境。一时间，马静芬控制不住自己的情绪哭了起来。

褚时健看着妻子，心中也是恋恋不舍，他握着马静芬的手，踌躇了很久才说了一句话："你看，开始跟着我吃苦了吧……"马静芬擦了擦眼泪，叮嘱他到那边好好照顾自己，还说等孩子再长大一些，就带着孩子过去和褚时健一起生活。

褚时健听到这儿，十分无奈地笑了，他告诉马静芬，农场是改造犯人的地方，无罪之人怎么能去那儿呢？

褚时健说得没错，家里即便再穷再苦，也是一个自由之地。然而马静芬却还是说了让褚时健倍加感动的话："我说过，你到哪，我跟到哪。”

褚时健的劳改生涯开始了，人生中的第一个低谷，给了他沉重的打击，也将锤打他的意志。或许，这就是作为一个强者的“必修课”吧。

农场劳改

刚到红光农场的褚时健，由于来到了一个陌生的环境，所以各方面都显得很不适应。当时在红光农场里，大概有一千多个右派分子，其中大概有十多个是褚时健亲自划定的。所以他的到来，让这些右派分子倍感吃惊。于是，有人开始在背地里幸灾乐祸：没想到褚时健也有今天啊。此外，还有一些人怎么也想不通：一个大权在握的专案组组长，怎么在转眼间就成了一个右派分子了呢？

对于种种议论，褚时健只能装作听不到，将所受的委屈深深藏在心中。尽管这些右派分子有些是他亲手“圈定”的，但在那个时代，他也是身不由己，不过这些人肯定会把账算到他的头上。

坦然接受荣辱，安然面对现实，这是褚时健现在要做的最重要的事，剩下的，就是好好接受“改造”，用劳动来证明自己的清白。

可是，农场的劳改生活不是那么好玩的，繁重的劳动非但没有拯救褚时健的身体，反而在不断摧残着他的健康。虽然褚时健也是苦孩子出身，但是进入机关工作也好多年了。一下子要适应每天劳作的生活，身体肯定有些吃不消。

褚时健刚刚来到农场的两个星期之后，身体的劳累加上心理的苦闷，让他突然一病不起，感染上了恶性疟疾。在当时，这种病要是不及时医治的话，很可能会丢掉性命。

疟疾在民间被视作一种怪病，十分折磨人。发病的时候，忽而身体冰冷得像掉进了冰洞，忽而身体发烧像被扔进了火盆，反反复复，周而复始，几经折磨之后，人的体质就会被彻底摧毁。褚时健经过了七八天的病痛折磨之后，还是没有痊愈的迹象。在这痛苦的生病期间，褚时健坐立不安，大部分时间都是躺在床上，默默忍受着疟疾对他的摧残。褚时健忽然意识到，曾经经历了枪林弹雨都活着回来的自己，却败给了看不见的疟疾。这种怪病，真的会夺走他的生命吗？

在疟疾发展到最严重的时候，褚时健根本动弹不得，鼻子和嘴里不断地流出血，身体虚弱到连抬手擦干净的力量都没有了。

劳改场里的人没有几个健康的，能照顾好自己就不错了，哪还有人有工夫去照顾褚时健呢？一个人生了病，只能自身自灭，看造化有多大了。就这样，褚时健的身体一天一天地垮下去。就在他气息微弱之际，一天下午，一个傣族老乡由于口渴进屋找水喝，一下子发现了躺在床上奄奄一息的褚时健。傣族老乡连着喊了好几声，褚时健都没有回答，吓得老乡赶忙跑到门外喊着："快来人啊，这棚子里死人了！"

喊声还未消散，周围的人都纷纷跑过来看褚时健，有人摸了摸他的身子，发现还有一息尚存；也有的人探了探他的鼻息，发现还有微弱的呼吸。那个傣族老乡见人没有死，就着急忙慌地跑了出去，不一会儿，他从外面找来了一个医生，领过来给褚时健看病。

20 世纪 50 年代的中国，医疗水平还很不发达，特别是农村乡镇，能找到的都是些"赤脚医生"——半路出家的"土大夫"。

医术欠缺不说，也没有什么好药，遇到急病和大病，也一样没有办法。如果那位傣族老乡找的是这样的大夫，那么褚时健可能就没有以后的故事了。

幸好这个医生不是。

当那位被请来的医生拎着药箱走进来之后，他仅仅是看了褚时健一眼，两道目光就立即凝固住了。随后，医生放下药箱，解开褚时健的衣扣，让大家将他抬到外面通风的地方。随后，医生从贴身的衬衫口袋里拿出一个包裹得十分严实的油布包，小心翼翼地从里面拿出两个黄色小药片，将褚时健的嘴巴撬开，和着水一起让他服了下去。

由于大家手头都有活要干，所以围观了一阵子之后就渐渐散去了。然而这个医生却非常负责地守在褚时健的身边，一会儿给他熬姜汤，一会儿又给他掐人中，一直陪伴着人事不省的褚时健。到了第二天下午，经历了整整二十四个小时折磨的褚时健，这才缓缓睁开了眼睛。医生见到他苏醒过来，居然高兴地叫了起来。

这时，褚时健的脑子里还没有缓过劲儿来，他看了看医生，忽然发现有些面熟，仔细打量了一阵之后才认出来，他就是罗载兴！顿时，一种激动之情从褚时健的身体中涌了出来，他没有想到自己曾经坚持的正义，居然为他换来了一次重生。

罗载兴告诉褚时健，给他服用的那两片药，就是那个“美蒋特务”任福根曾经送给他的两片西药——奎宁。

不知道这个世界上是否存在着因果报应，但是救人一命，有时候真的等于在拯救自己。此时此刻，在鬼门关前徘徊了一圈的褚时健，必定是深刻地认识到了这一点。从这以后，褚时健和罗载兴结下了深厚的友谊。后来，褚时健出任玉溪卷烟厂厂长之后，又将罗载兴调回了玉溪，让他在玉溪卷烟厂的职工医院当了个干部，算是对他救命之恩的回报。

当然，这种“恩恩相报”，已经说不清最后是谁欠了谁。不过，能够在关键时刻不坑害别人，能够在危难关头懂得感恩，两个人的品行都值得赞扬。

身体恢复之后，褚时健又继续着他的农场改造生活。虽然在身体上褚时健还是要受苦受累，不过他的精神压力得到了一定的释放。在来到红光农场之前，他为了反右的指标常常一连几天都睡不安稳，因为无论把谁抓出来他都于心不忍，现在这个结局倒让他安下心来，自己已经成了右派，不用再担心冤枉谁，也不用再担心去得罪谁。

当时，农场里的确有些人不理解，说褚时健这不是自己找罪受么？放着好好的日子不过，放着好好的“反右”分子不当，跑这里当“右派分子”，还得被“同行”“批斗”。

大家这样说也很有道理，但传奇人物总是很个性，不疯狂，不足以闪烁。那时，或许褚时健自己也不知道为什么会那么做，可能是执着于某种信念。因此，褚时健从来没有为自己的“反右不积极”后悔。那么，他真的错了吗？后来的事实证明了他的选择，历史也为他做了最好的证明人。

同一时期，与褚时健过着同样生活的人达上百万。那个年代就是如此，没有同情与尊重，沾上“右”字，肯定没好果子吃，但是这一切对于褚时健而言，只是人生中的一次考验，而并非最终的结局。

虽然农场的日子很艰苦，但是褚时健凭借着乐观的心态坚持了下去，别人能干多少活，他就能干多少活，绝不会被人落下。

正是这种百折不回的顽强意志，注定了褚时健人生的不平凡。在接受“改造”的日子里，褚时健依然没有褪去他凡事都要争先创优的原则，始终是一个积极分子：干活认真，思想积极，后来还当上了一个小组长。

在来到红光农场改造之前，褚时健就是个热心肠的人，别人求他办事，他总是很爽快地答应。在劳改期间，他也一样。

当时，褚时健所在的小组来了一个新成员，是一个50多岁的老头，文质彬彬。大家最初以为他是老师，后来才知道，他是一名演员，因为演了一个“右派”角色被抓起来了，这真是让人笑掉大牙的事儿——居然因为一个角色倒霉了。

那时候，夜里总有村民来偷粮食，大队长就派这个老头去守夜，有时候需要昼夜巡视。后来，老头的身体实在熬不住，就找到了褚时健让他通融通融，褚时健二话没说，自作主张换了一个人替代他。结果，事情被人告到了上面，这个老头受了重罚，褚时健的组长职位也被撤了。

后来，每每谈起这件事，褚时健也从未说过“后悔”二字。他知道自己的个性——“上得了战场，当得了泥鳅”，是不可能不对那个老头伸出援手的，这种在自己都难以安然保身的情形下，依然为他人着想的品格，十分罕有。

只可惜，得到褚时健帮助的那个老头，下场比较可悲，由于经受不住严寒酷暑，不能忍辱负重，最后自杀了。这件事让褚时健感慨万千，甚至觉得那个老头以自杀的方式结束生命太过卑微。世间万事，总有令人裹足不前的，解决问题的办法，不是逃避放弃，而是勇往直前，这样的人生才会充满希望。想来，褚时健若不是早就有这样的想法，也就没有他东山再起的可能了。所以，褚时健从来不过多地抱怨人生对他的不公，他相信真相总有大白的那一天。

褚时健的“劳改”，最终拨云见日，这本身就是一种安然的接受。这一段经历，也彻底改变了他年少时当一个铁路工人的梦想，改变了他一生的轨迹。毕竟，经历本身就是一笔丰厚的财富。

多年以后，当人们问起褚时健在“劳改”期间的生活感受时，他没说什么，而是不住地摇头，似乎表示了对那段日子的些许无奈。或许对这个经历坎坷的老人而言，有些事情说与不说，早就不重要了。痛而不语，是一种境界；苦而不言，是一种坚强。况且成为“橙王”的褚老一直如阳光一般，心属天空，光照大地。

养家能手

在农场的日子里，褚时健受了很多苦，但是这些和打游击战的时候比，真的算不上什么，唯一让他很难承受的，就是对妻子和孩子的思念。他不知道家人在失去他之后过得怎么样，不知道会不会有人帮助她们，更不知道自己何时才能再跟妻女见面。

无尽的孤独，让褚时健加重了对妻女的惦念，每每梦中都会闪现出她们的身影。他希望，只要她们过得比自己好就足够了。

一天，褚时健正在农场劳动，无意中抬头一看，顿时张大了嘴巴，只见马静芬一手提着行李，一手牵着女儿褚映群，活生生地站在了他的面前。褚时健愣了半天才吐出一句话：“你……来这里干什么？”

马静芬走到褚时健面前，眼睛通红地对他说：“要死就一起死！”

这时褚时健才知道，马静芬在一次和别人的交谈中，得知了丈夫因为恶性疟疾而差点丧命的事情。马静芬听到这个消息后，这才下定了决心，要带着女儿过来，无论多苦多累，也要让一家人生生死死在一起。

褚时健可能不知道，在他被划成右派之后，马静芬也受到了牵连，她被学校劝退了，家里一下子失去了生活的来源。那时，马静芬已经怀了孕，但因为无法照顾腹中的胎儿，只好哭着来到医院做了人工流产。为了养活自己和孩子，身体本来就不太好的马静芬，不得不在昆明做起了织毛衣的工作。

当时，织毛衣一个月只能挣到六七块钱，根本维持不了家里的正常开销。除此之外，毛衣厂的支书还对马静芬没安好心，让她无法安心工作，每天都生活在恐惧之中。更糟糕的是，由于马静芬是白天晚上都在织着，持续了整整一年之后，她的一根手指已经弯掉了，至今没有恢复过来。

丈夫在劳改，女儿还年幼，孤立无助的马静芬只好忍着委屈艰难地苦撑着，一家人的日子过得相当节俭。尽管如此，马静芬还是能够直面人生的磨难，心中对褚时健的牵挂也更深了，所以才打定主意来到红光农场。她也知道，农场的生活条件比家乡差多了，不光有饥饿和疾病，还有山洪和泥石流，随时都面临着生命危险。但是，马静芬顾不上那么多了，她不想让一家人再次分开。

妻子和女儿到来之后，褚时健虽然不忍心让她们跟着自己一起吃苦，但是毕竟一家人团聚了，虽然多了一分操劳，却少了许多牵挂，这样的生活他还是能够接受的。

当时，褚时健一家住在半山腰的一间破败不堪的碾米房里。这种房子，原本不是让人住的，但是由于褚时健在接受“劳改”，不得不接受这个残酷的现实。

那段日子里，褚时健和马静芬分工明确：褚时健负责给农场种菜、捞木头、酿酒和砍竹子；马静芬负责喂养农场的40多头猪。

1960年，正是三年困难时期，农场出现了断粮的噩耗，没有足够的干饭，人们只好吃了半年的稀饭，那稀饭里基本上没有几粒米，清澈得能当镜子用。无论大人小孩，都是饿得饥肠辘辘，走路都是打晃儿的。在这艰难的日子里，褚时健一家也在忍饥挨饿，然而看着妻子和女儿面黄肌瘦的脸孔，他决定不再坐以待毙，于是重操旧业——拿出了从小练就的捕鱼本领。

一个阳光刺眼的正午，褚时健一头扎进了农场附近的一条小河里，很快就捞出好多鱼，总算让一家人填饱了肚子。在那个特殊年代里，褚时健从大自然手中“讨到”了宝贵的食物。为了获得更多的食物，他带着一杆双筒猎枪，走入了农场身后的哀牢山中。凭借着打游击战时练就的枪法，褚时健连连得手，有一次居然一枪打中了两只麋鹿，被大家当成了神人。

不过，狩猎毕竟不能让一家大小有稳定的食物来源，更多的时候还是要辛勤地劳动。当时，褚时健做的最艰难的工作之一就是捞木头。

在哀牢山中，有成片成片的原始森林，为了能够方便运输，上游的伐木工人将木材砍倒之后，就直接推进江水中，让它们顺流漂到下游，在经过水流相对平缓的江段时，将这些木头从水中捞出来。那时，褚时健做的就是这样的工作。

捞木头需要的不光是力量，更需要技巧，也是对人身体承受力的极大考验。有时候，褚时健会在江水中浸泡整整一天，非常辛苦。

有一天，褚时健只差一根圆木就可以收工了，可没想到他捞到的是一根又粗又重的圆木。为了赶快回家，褚时健抱着圆木朝着前方20多米的江岸游了过去，谁知木头的一头被江里的一块石头卡住了，怎么拽也拽不出来，急得褚时健直冒汗。无奈之下，褚时健只好游到了圆木的另一端，一边用手支撑着那块捣乱的石头，一边使劲向后晃，折腾了好半天，终于让这根木头松动了。可就在这时，由于木头太过沉重，竟然顺着滚滚而去的江水向下游飞快地漂走了。

如果是别人，对这样的木头可能就彻底放弃了，可褚时健当时是一个"劳改犯"，如果就这样丢掉一根大木头，必定要受到严厉的惩罚。于是，褚时健拼命地游向了木头，终于抓紧了它。可就在这时，褚时健自己也被木头的沉重惯性拖着继续漂下去。

在不到一百米远的地方，褚时健发现了一块险滩——湍急的水流，紧密的漩涡，一旦被木头带进去他将必死无疑！在这千钧一发之际，褚时健想到了在家中等待自己的妻子和女儿，他不能就这么死了，否则她们该靠谁?！于是褚时健用尽全身最后的力气，抱着木头猛地一跳，终于跳到了对岸的一片浅滩上。在这个浅滩里，褚时健苦苦挣扎了半个多钟头，才步履艰难地走上了岸。

很多年以后，褚时健在回忆这段往事的时候说："我几次陷入绝境，能死里逃生，是因为临死前想到了生。我明白一点，人在任何时候，精神都不能垮。"

就是这种顽强的精神支撑力，让褚时健咬着牙挺过了一道又一道难关。当然，和他一起共患难的，还有他的妻子马静芬。

当时，马静芬喂养40多头猪，每个月的工钱是12块，收入很少，她的工作却非常劳累，无论刮风下雨，她都必须将猪照看好。不过再苦再累她都能坚持下去，但还是有些事情让她难以承受，比如一个人做事。

一天晚上，褚时健去队里开会，到了半夜都没有回来，马静芬将女儿哄睡着之后，就在昏黄的煤油灯旁边织起了毛衣。马静芬织着织着，蚊帐上面忽然传来了一阵响动，起初她没在意，还以为是屋顶上的黄土被风刮掉了。可是过了一会儿，那声音竟然越来越大，最后发出啪的一声，马静芬循声望去，这才看到蚊帐已经摇摇欲坠，上面压着一条一米多长的大花蛇！马静芬最害怕这种东西了，她吓得大气都不敢喘，呆坐在原地一动不动，她本想抱着睡熟的女儿冲出屋子，可是脚却一步也挪不开。过了大概一个多小时，褚时健回来了，才用棒子将这条蛇打死。

在那段日子里，马静芬经常要独自面对很多让她恐惧的事情。有时候褚时健外出办事，十天半个月都不在家，马静芬就只能和女儿相依为命。每天半夜，她必须要去碾米房关掉水闸。而她们所住的地方在半山腰，方圆几里都没有人家。到了晚上，更是月黑风高，让人抓狂，弄得每次马静芬都是战战兢兢地走出去，一旦有山风吹过总会让她精神紧张，常常吓出一身冷汗。

然而，无论自己被何种恐惧折磨，马静芬都没有将这些事告诉褚时健，怕他在外面因为这事担心，也怕他因为妻子女儿跟着他受苦而自责。很多年之后，褚时健才知道妻子原来怕黑怕关闸。毕竟，这些事在男人眼中，真的是不足为惧的。但是对马静芬来说，那是一段让她终生难忘的经历。

幸好有家人陪伴，褚时健终归是看到了生活的希望，他也隐隐地预感到，曙光就在前头，距离自己出头的日子，应该不是很远了。

接手糖厂

褚时健一家在农场的生活费是 34 块 8 毛钱，其中伙食费占了 24 块钱，剩下的钱要应付每个月的一些额外开支。一家三口靠这点钱勉强过生活，虽然日子艰辛，但是相互搀扶，彼此照应，褚时健心里总有些盼头。他希望这样的生活不要持续太久，他希望能够带着妻女过上更好的生活。

然而三年困难时期造成的影响久久没有散去，红光农场继续面临着缺粮少食的问题。褚时健光靠着打猎，也不是长久之计。放眼望去，整个农场都沉浸在饥不果腹的状态中，每个人都无精打采的，却又无力改变现状。

就在这时，上天给了褚时健一个改变的机会。

当时，上级部门得知褚时健曾经征过粮，很有这方面的经验，于是就委派给他一个任务：负责解决红光农场的伙食问题，也就是说让他搞一搞副业。

那时候，搞副业也是不得已而为之的办法，因为农场一千多号人都需要吃饭，再不解决就要饿死人了，所以只能想办法多抓一点钱，解决粮食短缺的燃眉之急。

搞副业对褚时健来说，是他最为擅长的一项工作了。在小时候，他就跟着父亲酿过酒，还制过糖，懂得这方面的门道，也很有经验。所以他很痛快地接受了这个任务，他知道走这条路不光能改善他们一家的生活状况，也能救活农场的一千多口人。

1961 年 7 月，褚时健摘掉了右派的帽子。由于他工作得力，踏实肯干，所以在 1963 年的时候，他接到了来自上级的命令——

去新平县的曼蚌糖厂工作。这一次，不是让他接受“改造”了，而是去当糖厂的副厂长。

这一次，褚时健接手的是一个烂摊子。

这个糖厂的制糖技术十分糟糕，一直采用传统的工艺，和几千年前的糖没什么两样，一斤糖至少需要5斤的燃料，成本投入巨大。为了凑够这些燃料，嘎洒江边的树林子几乎被砍光了，即使是这种野蛮性的生产，造出来的糖还是低品质，结果糖厂连年亏损，一共损失掉了十多万块钱。

褚时健来到糖厂之后，对这个经营现状十分震惊，也非常不满意，所以他赶紧着手解决这一系列问题。厂子里缺少人手，他就亲自操刀上阵，一个人管理一条灶；原料不合格，他就动员当地人种植甘蔗，用甘蔗渣榨糖；技术上存在问题，褚时健就将原来4吨的锅炉改造成10吨，大大提高了工作效率……褚时健用尽各种办法，在努力挽救着这个濒临破产的厂子。

有一次，厂里的锅炉出了问题，却偏偏赶在了榨糖的旺季，一天不工作就等于往外面扔钱，所以厂里的工人都很着急。后来，一个老锅炉工看了之后说，这台锅炉已经严重老化，最好的办法就是重新购买一台。

可是，钱从哪儿来呢？一个小小的糖厂本来就底子薄，再购买一台新锅炉，就等于增加了成本，让利润进一步被摊薄了。所以对于老师傅提的建议，褚时健不能接受。他认为，锅炉跟衣服一样，哪儿破了就在哪儿修一修，总会有解决的办法。老锅炉工说，要是修的话他们这些人的技术也不行，必须要到新平县甚至玉溪市里找更专业的人来才行。

褚时健对这个提议也不能接受，一个锅炉送到外面去修，同样要耗费不小的运输成本，往返期间也会耽误生产。最后，褚时健亲自出马，围着锅炉转了几圈，最后拿过一把螺丝钳子，打开了炉门。由于锅炉刚熄火不久，所以门一开就窜出了一股浓烟，熏得褚时健连连咳嗽。等到浓烟散去之后，他居然不管不顾地猫腰钻了进去。

褚时健的这个动作，把老锅炉工吓坏了，他连连叫着："你不要命了？赶紧出来！"他的担心是有道理的，虽然锅炉从外表来看已经基本冷却，但是里面的温度依旧很高，一个人在没有防护措施的情况下贸然进入，是很危险的。

事实的确如此，褚时健刚一钻进锅炉，就感觉像闯入了一个燃烧的油锅里似的，浑身上下被燥热包裹着，有一种被烤焦的感觉。还不到一分钟的工夫，褚时健的头发上就窜出了丝丝白烟，衣服上也飞溅着火星，他实在待不下去了，就赶紧退了出来。老锅炉工见状，赶忙拎过一桶水，劈头盖脸地浇在褚时健的身上。

让所有人意想不到的事情发生了，浑身还挂着水珠的褚时健，居然拿着钳子敲了敲锅炉说："试试看！"大家都愣住了，好半天才缓过神来，当他们开启锅炉之后，发现它居然能继续运转了！就是这么不到一分钟的时间，褚时健居然让一个差点被"判了死刑"锅炉起死回生了。

谁也不知道褚时健在锅炉里究竟做了些什么，不过从那之后，大家对他佩服得五体投地，纷纷称赞他是一个神人。

在褚时健的攻坚克难之下，糖厂的生产成本得到了有效的降低，每斤糖的生产燃料从原来的5斤锐减到8两！而且，糖的质量也发生了改观：用甘蔗渣制出来的糖，品质比过去强了不知有多少倍。

当时，云南的所有糖厂都在亏损，而唯有褚时健的曼蚌糖厂每年能盈利30多万元，其他的厂子100斤甘蔗能榨出9斤糖，褚时健能多榨出3斤。更聪明的是，他还能将别人榨过的废料重新榨取一遍。虽然曼蚌糖厂的设备比较简陋，但无论产量还是品质，都是省内数一数二的。

糖厂的经济效益上去了，可是褚时健却还是一个“戴罪之人”。虽然他摘掉了右派的帽子，但是在文化大革命爆发之后，褚时健的右派身份再次被人“揭发检举”出来，所以他还是要接受各种批斗。不过，在曼蚌糖厂没有人真的拿褚时健撒气，每当上面有人来检查的时候，褚时健会像个演员似的戴着帽子接受一下教育，等到检查组走人了，又将帽子挂在墙上继续工作。当时厂里有两个造反派打得很凶，谁也不让着谁，却对褚时健手下留情，原因就是他实在让人恨不起来。

褚时健一家人都来到曼蚌之后不久，马静芬为他生了一个儿子——褚一斌。

按理说，褚时健有了儿子，应该沉浸在无尽的喜悦中，可是他没有将心思放在妻儿身上，因为这时候正是糖厂最忙的时候，他实在无暇顾及到个人的私事。由于褚一斌是在昆明降生的，所以在他刚生下的第7天，褚时健就催着马静芬带着孩子一起回家，有很多事情等着他处理。

那时，路况很糟糕，交通工具也落后且不方便，从昆明到新平一路都是高山和陡峭的山路，汽车开起来忽上忽下，总是处于剧烈的颠簸之中。还处于“猫月子”阶段的马静芬走了三天之后，全身上下立即变得浮肿，让她叫苦不迭。

当汽车开到嘎洒江边的时候，由于当时还没有搭桥，所以只能依靠轮渡运送汽车。没想到，轮渡坏了，等待过江的汽车在岸边排起了一字长蛇阵。

站在江岸边观察着动向的褚时健，实在是忍受不了这种漫长的等待。在足足等了三个多钟头之后，褚时健忽然说了一句："要是再修不好，汽车过不去，我们就走着回去。"

要知道，当时从江边走到曼蚌足足有十里路，这可不是一个刚生完孩子的女人能承受的。于是，马静芬哭了出来，她真的是忍受不了这种颠簸之苦了。褚时健一听马静芬哭出声来，原本就烦躁的心这会儿更按捺不住了，他喊道："哭什么哭？烦死人！"

在历经千辛万苦回到曼蚌之后，马静芬一下子病倒了，而褚时健也没有时间照顾他，整天从早到晚粘在了厂子里，往往是夜深人静的时候才回家，而回家之后唯一的事情就是躺下来睡觉。所以，当时照顾马静芬和褚一斌的反而是 8 岁的褚映群：做饭、烧水、洗尿布……全都落在了这个小女孩的身上。

马静芬不能眼睁睁地看着小的伺候大的，就写信让自己的妈妈过来。妈妈来了之后不久，邻居的一个老太太忽然拽着马静芬的妈妈问，她女儿是不是之前结过一次婚。

马静芬的妈妈顿时愣住了："没有呀！"谁知那老太太又加了一句："我看褚厂长一点也不疼映群，你的外孙女不是他的吧？"马静芬的妈妈很无奈，只好对老太太解释道，褚时健就是那样的一个人，即便是心里很在乎也不会表现出来。

身为妻子的马静芬，更是了解褚时健的这种个性，她知道褚时健是一个粗线条的人，对女人很难有细心体贴的时候，她知道褚时健对人没有问题，但是对妻子就显得太粗心了。马静芬甚至觉得，这是因为褚时健是农村出来的，习惯于只管自己、自己的事自己做，而对别人的感受就不是那么在意了。

马静芬一生为褚时健怀过五个孩子，然而每一次都有一段让她伤心的故事。

有一次，马静芬意外流产了，褚时健没有在她身边陪着，是她自己走了30里路去了医院，途中还趟过一条河。在住进医院之后，马静芬接受了为期一个礼拜的治疗，结果褚时健一次也没有过来看她。当马静芬身体恢复之后，也是她自己走回来的。当时，一个比马静芬年纪大点的妇女对马静芬说："马老师，你胆子也太大了，如果大出血，你会死在路上。"

1979年9月，否极泰来。褚时健的劳改岁月，在中央的伟大决策之下结束了。

当时中央决定，对被划为右派分子的人进行全面复查，把错划为右派分子的同志的错误结论改正过来，褚时健是那批幸运人士中的一员，终于守得云开见月明。

一天，一辆解放牌大卡车驶进了曼蚌糖厂，将褚时健一家都接走了。当时，糖厂的职工们齐声痛哭，二百多人列着队为褚时健送行，有人说：你们把老褚接走了，就是把我们的福气也带走了。

褚时健从糖厂离开时，除了几包行李之外，什么也没有带走，这时候，他已经是一个年过半百的人了。

从1958年到1979年，褚时健一共在大山里待了足足20年。这20年，是褚时健精力最充沛的年华，他将14年的美好时光献给了曼蚌糖厂。

离开嘎洒，等待褚时健的将是新的起跑线。

5

拯救玉溪卷烟厂

告别塔甸

1976 年，长达十年的文化大革命终于结束了，但是长期占据人们心中的教条主义、个人崇拜等负面因素，依然存在于中国的各个角落。当时的中国，缺乏的是一种思想上的引导和精神上的救赎，如果不经历这个过程，文化大革命对人们思想观念的摧残，仍然会继续存在下去。

1978 年，中国历史走进了最关键的一年。

1978 年 5 月 11 日，《光明日报》刊登了一篇题为《实践是检验真理的唯一标准》的文章，很快，新华社对这篇文章进行了转载，次日，《人民日报》也对这篇文章进行了全文的转载。

这篇文章无异于一块巨石扔进了平静的水塘中。有人表示了极力的称赞，也有人表示了无比的愤怒，甚至有人公然反对，认为这篇文章违反了中央精神，更是对毛泽东思想的一种颠覆。

当时，面对这些讨伐之声，文章的作者胡福明对爱人说："我已经有思想准备了，我准备要坐牢。"妻子毫不畏惧地说："我要么陪你一起坐牢，要么天天送饭到你出牢。"

1978 年 5 月 19 日，邓小平在接见文化部的一些负责人时，提到了胡福明的这篇文章，认定这篇文章并没有违背我党的精神，是完全符合马列主义思想路线的。随后，邓小平在全军政治工作会议上提到了这篇文章，同时对当前存在的教条主义思想进行了严厉的抨击和批评，最后提出"打破精神枷锁，使我们的思想来一个大解放"。

实践是检验真理的唯一标准，如果将这句话拿到现在来看，的确算不了什么，但是在文化大革命刚刚结束的中国，在认知水平参差不齐的中国，毫无疑问是一盏指路的明灯。这场关于真理标准的争论，直接推动了中国改革开放的进程，它倡导了一种全新的实践主义理论。正是有了敢于探讨真理核心意义的勇气，才有了中国在日后改革开放中迈出的伟大步伐。

熟悉历史的人都不会忘记 1978 年召开的十一届三中全会，大会确立了以邓小平为核心的第二代党中央的领导集体，作出了将党的工作重心从阶级斗争转移到社会主义建设上来的重要决定，并给 55 万名右派分子平了反。

十一届三中全会，不仅作出了改革开放的重要决定，更是提出了"解放思想，实事求是"的重要论断，给一直摸索着的中国人民指明了一条新出路。

十一届三中全会过后，褚时健彻底摘掉了“右派分子”的帽子，而且他还得到了重用，上面给了他两个选择：一个是去塔甸当煤矿厂长，一个是去玉溪卷烟厂当厂长。

褚时健的人生，又一次站在了岔路口上。

就当时的情况来看，煤矿的发展前景是不错的，因为要搞活经济，势必需要能源部门紧密配合，而褚时健本人也比较喜欢乡村生活，得知塔甸有条河之后，心中又想着去捉鱼摸虾。但是由于马静芬在荒山野岭待够了，喜欢住在城里，而玉溪也是她和褚时健待过的地方，所以她比较倾向于去玉溪。

当时，马静芬对褚时健说：“在哀牢山里苦熬了二十年，终于盼到头了，你还往山沟沟里钻？”褚时健说：“山里好。塔甸山多水多，空气新鲜，可以一起去打猎拿鱼。”马静芬一听就不乐意了：“让你的打猎拿鱼见鬼去吧，我喜欢跳舞、散步、逛商场。”褚时健觉得马静芬对玉溪的认识程度不够，所以从另一个角度劝着她：“你只看见玉溪繁华热闹，没看见卷烟厂那些造反派，弄不好咱们还得回桥头一队烤酒喂猪。这样吧，咱俩来个妥协：我让塔甸煤矿在玉溪设一个办事处，你到那儿去干。”

马静芬不干了，怎么褚时健能想出这样的馊主意呢？这不是又要搞两地分居吗？她的眼泪当时就流了出来，满心抱怨地说：“老褚，你的心难道是铁打的？过去那么苦，我和孩子丢下昆明的大城市户口去投奔你，陪你劳改，陪你受罪，这容易吗？那么苦，一家都没有分开过，现在平反了，你倒想得出来，要搞两地分居！”

褚时健不得不承认马静芬说得在情在理，可是他对塔甸的向往也是很热切，何况他也厌倦了在工厂里勾心斗角的状态，总想着找一个安静的地方过完下半生。

夫妻二人，就未来的去留问题发生了争执，结果这天晚上，他们谁也没有睡好觉，都在各自想着各自的心事。

到了第二天早晨，褚时健起得很早，他对马静芬笑嘻嘻地说："还生气呀？走，我们今天全家出去走走，把那些烦心的事丢开。"

马静芬本来是憋着一肚子的气，但是见到褚时健换了副和气的笑容，以为他被迫投降了呢，所以就高高兴兴地答应了。然而，当她问道去哪儿溜达的时候，褚时健居然说："去塔甸，你至少去看一看嘛。你如果还看不上，就当我们全家给哀牢山举行一个告别仪式。你说怎样?"

马静芬也明白褚时健对塔甸的向往，既然人家把话都说到这个份上了，不陪着去看看也不好。于是，一家大小都坐上车来到了塔甸。

到了塔甸之后，马静芬发现情况有些不妙了：褚时健根本就没有做好跟这里告别的思想准备，反而是东张西望地看着，一会儿指着一座山，一会儿指着一条河，嘴里还念叨着多少年之后怎么规划，简直就是将塔甸当成了未来的家。褚时健计划着，他要在塔甸铺一条柏油路，准备几辆通勤车专门接送员工上下班；他还要修建一个电影院，要让煤矿的年轻人有地方谈恋爱，不让他们嫌弃这里；还打算着要在矿井盖一个标准的游泳池，让矿上的工人既能洗澡又能健身，下了班就一个猛子扎进去，多痛快！

看着褚时健那手舞足蹈的样子，马静芬就感觉塔甸成了他人生的最后归宿地，不然怎么可能计划得这么周详！马静芬心里老大的不情愿：这分明是带着她来说服她的！

正在马静芬生着闷气的时候，忽然看到一队脸上、身上都黑乎乎的矿工从不远处走来，他们一个个地疲惫极了，一点精神头都没有，可见他们每天的工作量有多么巨大。更惨不忍睹的是这些矿工的家属，他们在供水站前一字排开，等着接到水之后好回家做饭。那些矿工的孩子们，都像个小泥猴似的在山上乱跑着，小脸蛋子一个比一个埋汰。这时，一阵山风吹起，漫天都是煤屑，照的天空是黑色的，大地也是黑色的。

马静芬实在看不下去了，她打定主意地对褚时健说："你就是建成天堂，反正死活我不在这鬼地方待。"

褚时健看出了马静芬的决绝，如果他真的要强行去塔甸工作的话，一家人必定要分成两半。想想马静芬这么多年陪着他一起吃过的苦，褚时健最终动摇了：前半辈子让人家一个城里姑娘陪你在大山沟里，后半辈子也该让人家舒舒服服地过日子了。于是，褚时健最终听从了马静芬的意见——去玉溪。

就是这么一个被迫无奈的决定，给褚时健的后半生埋下了伏笔。如果他选择了去塔甸，可能之后大家耳熟能详的那些事，就不会发生了。然而历史无法假设，褚时健的人生之路，在冥冥之中注定要和烟草结缘了。

来到玉溪卷烟厂

1979 年，是 20 世纪 70 年代的最后一年，也是中华人民共和国建国 30 周年，更是中国开始正式进行社会主义现代化建设和改革开放的第一年。虽然十一届三中全会成功召开，但是在中国 960 万平方公里的土地上，还是残留着 20 世纪六七十年代的不良风气。

当时，在中国的一些工厂中，工人丝毫没有工作的干劲，一是因为多干少干一个样，没有人会故意跟自己过不去，二是因为来到厂里做工的人，并非喜欢这份工作，也不适合这份工作，而是奔着就业保障、退休金保证的福利加入的。

可想而知，带着这样的思想观念，工厂里会是一番什么情景。据说，当时很多工厂的生产线上，都可以看到工人们在悠闲地聊天，有的还嗑着瓜子，基本上没有人积极地干活，如果问起他们的工厂一年有多少生产定额或是经济效益如何，竟然没几个人能回答上来。

显然，这就是大锅饭时代、人民公社化运动给中国人植入的懒惰因子。工人已经不再把工作当成是改变命运的事，而仅仅是养家糊口、混日子的一种谋生手段而已。更要命的是，工厂里有“世袭制度”，一个工人去世了，其子女就能马上接班代替，有的可能十几岁就上岗了。

由于经济效益普遍不好，所以中国的工厂很少涨工资，常常是十几年甚至几十年都没有多大的变化，当然这期间的物价上涨也是微乎其微的。不过，即使涨了工资，增加点奖金，对工人积极性的刺激作用还是很小。因为问题的关键不在于工人能得到什么，而是他们不用付出什么就可以得到的思想意识和客观存在，直接影响着中国经济的发展。

褚时健就是在这样的时代背景下来到玉溪卷烟厂担任厂长的，那是1979年的10月。

那时候，云南的烟叶在国内并不出名，一直都被埋没在荒山野岭之中。直到有一天，一个偶然的机会才让它有了些名气。

那是1953年，当时国家烟草主管部门在河南郑州召开了新中国第一次全国烟草工作会议，对国内主要产烟的地区进行评比，看看谁家的烟叶更好。当时，由于河南的烟叶比较出色，所以得到了100分的满分评定。结果，距离最远的云南代表在会议召开的第三天才赶到现场，而这时的评分鉴定早就结束了。没办法，云南的代表只好将费尽周折带来的烟叶堆在会议室门口。就在这时，当与会人员陆续出场之际，忽然看到了产自玉溪的“鸡油黄”烟叶，顿时被它光鲜的色泽吸引住了，来自全国的代表都惊呆了，于是又特地为云南烟叶重新进行了评定，最后得出了：色泽金黄、油润丰满、清香醇和的结论，给出了一个108分的分值！不言而喻，云南的烟叶超过了河南。

从这次大会之后，云南的烟草闻名全国，玉溪地区也一跃成为了“云烟之乡”。

1956年5月，经过国家农产品采购部门批准，经过云南省委决定，在玉溪城东的红塔山附近，玉溪烟叶复烤厂开始动工。由于当时的施工设备很差，施工条件也不好，所以在开山造地的时候，经常需要肩挑手抬，建立起了25000平方米的生产厂房。前后共投入资金294.7万元，最终于1957年11月1日竣工，给玉溪地区不能加工烟叶的历史划上了句号。

1959年，中国轻工部从一个名叫华美的上海私人卷烟厂调来30台卷烟机，一同跟过来的还有36位上海师傅。当时，为了提高卷烟的产量，不少工序都是徒手完成的。

1959年5月4日，玉溪卷烟厂正式宣告成立。在产出“人民公社”等卷烟之后，厂里的领导决定根据红塔山来命名一种香烟，这一款香烟除了底色是白色之外，上面的图案全部采用红色，红色的宝塔。红色的山头，红色云彩，目的就是为了突出那个红色的时代。当时，玉溪卷烟厂的一位领导表示，红色本身象征着革命，红塔是竖在山上的，经过几百年屹立不倒，因此打算将红塔山定位为一种高档香烟。

1959 年 10 月，玉溪烟厂将新生产出来的红塔山香烟作为国庆 10 周年的贺礼献到了北京，那是一箱经过精挑细选的红塔山，上面写上了“送给毛主席”五个字，发到了中南海。至于毛主席究竟尝没尝到红塔山的味道或者给了它怎样的评价，这一切就再没有下文了。

1979 年，褚时健一家四口来到了玉溪卷烟厂。到了这里之后，褚时健才发现这个烟厂存在的问题实在太多了，和当年他刚接手的曼蚌糖厂有的一拼：整个工厂制作水平粗陋，漫天都是灰蒙蒙的，待得久一点很容易感染上肺病，而且工资待遇也很低。相比之下，当时玉溪效益最好的厂子是化肥厂。褚时健还了解到，1979 年玉溪卷烟厂的年产量还不到 30 万箱，生产的红梅牌香烟，绝大部分根本卖不出去，只好堆在库房里任其腐烂变质。难怪当时职工当中流传着一句话：“红梅红梅，先红后霉。”

褚时健很清楚，玉溪烟厂之所以变成这副样子，是有一定的历史根源的，因为它一直吃着大锅饭长大，经过了 20 年的发展，基本上没什么变化，就连使用的设备也是国外早就淘汰的破烂。用这样的家伙生产出来的香烟，能卖得出去才怪。

虽然褚时健在糖厂干了 14 年，但是像玉溪卷烟厂这样的大型企业，他还是第一次接触，缺乏相关的管理经验。不过褚时健认为，一个人的潜能是无穷尽的，只要将职工的干劲激发出来，推翻陈旧的管理机制，玉溪卷烟厂也会有改头换面的可能。

以人为本，人是最终的决定性因素，这是褚时健当时最清醒的一个认识。

为了充分了解这个半死不活的烟厂，褚时健开始了认真的走访调查。首先，他来到了厂房，发现那儿的生产环境相当恶劣，烟灰能把人呛得窒息掉，温度也很高，烤得人热汗直流，噪音也很大，吵得人脑子嗡嗡作响。工人的状况是：上班一身臭汗，下班一身脏灰。如此糟糕的工作环境，工人得到的报酬也很低，每个月人均工资是 30 块钱。

随后，褚时健又来到了职工宿舍。发现一家三代人挤在一个仅有 20 多平米的小房子里；一个烟厂的老职工，家里的居住面积只有 10 多平方米，却住着六七口人，褚时健当场就流出了眼泪。原来，这位老员工在文革期间备受折磨，没想到文革过去了，他家的生活境遇还是没有任何改变。就连孩子半夜去趟厕所，都只能摸着黑提心吊胆地到院子里。厨房也是公用的，邻居们轮流做饭。

最后，褚时健又来到了库房，发现当年生产的 30 万箱卷烟中有 6 万箱堆积在仓库里，原因是没有销售渠道。于是，褚时健不得不思考起来：为什么烟卖不出去呢？后来经过认真的调查他发现了原因。

一个是原料比较差，而且不对香烟进行分级，有时候一根烟切下来，头是空的，显得十分“山寨”，这样的烟能卖出去就怪了；二是管理制度存在问题，一盒烟应该是 20 根，结果出厂之后有的是 17 根，还有的是 18 根，甚至还有一条烟里只有 9 包的情况，一箱烟竟然能缺 2 条，谁进了这样的烟能不骂街呢？最可气的是，连原料煤灰都能装进烟里，这简直是闻所未闻！褚时健认为，市场不接受玉溪产的烟，是完全有道理的。

走了一大圈之后，褚时健思考的问题更多了，他认为工人们确实是在努力工作，也有奉献精神，但是他们得到的待遇却不高，连起码的居住环境都保障不了。这时候他才深深地意识到，作为一厂之长，他不仅肩负着带领烟厂改善经济效益的任务，也承担着带领员工脱贫致富的重任。褚时健认为，要想让大伙一门心思地跟他干，唯一的办法就是改善工人的待遇，这才能留得住他们的心，才能激活他们的潜能。

褚时健准备改写玉溪卷烟厂的历史了。

这个厂长很靠谱

量小非君子，无毒不丈夫。表面看来，身为大丈夫者都是十分歹毒的，要成功就得对别人下手“狠”一点。诚然如此，古往今来的朝代更迭，都跟“狠”字挂钩。可话说回来，大丈夫，当真要一毒到底？

褚时健的人生很波折，年纪轻轻赶上了“打右派”，又因倔强，不反右派而被打成“右派”，说起来让人难以理解。后来，很多人在评价褚时健时都说，他这个人真是自作自受，放着好好的日子不过，跟着瞎起哄，结果把自己搭进去了。不过，心软的他，当真会一事无成吗？

厂长，虽然听起来是个“肥缺”，会有大把钞票入账，可现实却并非如此，刚进入玉溪卷烟厂的时候，褚时健已经51岁了，熬了大半辈子，的确到了享福的年岁。不过，他这个“空投兵”别说享福，连站稳脚跟都很难。

厂里比褚时健年长的工人不少，他们个个不服气，从骨子里瞧不起褚时健，认为他就是国家为了安抚人心派过来走过场的。一个刚刚“劳改”出来的人，能有什么能力，凭什么来指挥我们？厂里一些年轻的工人借着老工人的话茬，也都不好好工作，在厂里嬉笑打牌，叼着烟，翘着二郎腿，完全不把褚时健放在眼里。

既然选择了这个“烂摊子”，不管多艰难，都得走下去，褚时健开始积极主动地和年长的工人“套近乎”，学习经验。尽管受到很多质疑，也有多如牛毛的碎语闲言，可他都不在乎，他知道自己要达成的目的是什么。

成长是一门必修课。褚时健知道，很多知识完全可以凭借长辈的经验来理解和学习，自己没有管理烟厂的经验，也没有制作烟草的能力，可这不是无法管理的借口。在厂里，他从没把自己当成一名居高临下的厂长，反倒认为自己就是一个学徒，这里的每个人都比自己更有经验、更有资历。

所谓“见贤思齐焉，见不贤而内自省也”，褚时健的虚心好学，慢慢得到了工人们的认可，在这过程中，也增进了他和工友们的感情，为自己的工作减少了很多不必要的麻烦。厂里的工人们也开始接受并尊重这个 50 多岁的小老头，不再直呼他褚时健了，而是亲切的叫他“褚厂长”。当然，让职工对褚时健产生好感的是两件事。

第一件事是为职工修建宿舍楼。

褚时健上任之后的第一件事，不是购买新设备，也不是制定新的规章制度，而是将烟厂的全部可用资金集中起来，打算给员工们修建 3 栋 72 户的宿舍楼，他要让员工在新房子里过新年。

这个消息传出之后，烟厂上上下下都欢呼雀跃，要知道他们盼新房已经盼了不知道多少年，现在没想到新厂长来了之后办的第一件事居然是为职工着想的，大家自然非常激动。

不过很快，人们的激动之情渐渐散去了，因为人人都知道盖房子可不是一件容易的事情，没有个两三年的工夫大梁都立不起来。更何况，烟厂的职工已经被各种官腔“忽悠”怕了——你说盖房子就盖房子，当真不是拿我们开玩笑吗？

事实果然不出人们所料，褚时健决定拿出一百多万元盖房子之后，基建科的人居然像没听见似的，该干什么还干什么，磨磨蹭蹭的没有一点效率。褚时健过去问怎么回事，结果基建科的人说，他们以为新厂长在开玩笑呢。不仅如此，褚时健还发现基建科的人有两个请了长期的病假，借故不来上班，工资还照拿不误。

这一下，褚时健是真的火了，他没有想到烟厂已经到了走下坡路的时候，这些人还继续玩着官僚主义，这让他实在无法忍受。于是，褚时健马上撤掉了基建科科长，重新改组，启用了一批办事效率高、有责任心的干部员工，这样，给职工盖新房的事情才提上了日程。

本以为需要几年才能建好的宿舍楼，没想到用了 4 个多月的时间就拔地而起，这在当时看来简直是神话。在新楼房快要竣工时，褚时健召开了一次职工大会，为 72 户一线的职工颁发了新房子的钥匙。

面对着 3 栋崭新的楼房，烟厂上下对褚时健有了全新的认识，他们原以为这个黑脸汉子是个大老粗，也是个门外汉，却没有想到他上台的第一件事就是为员工谋福利。人们都说，既然厂长把职工放在心上，他们也要把厂子放在心上。

第二件事是修锅炉。

褚时健刚到玉溪卷烟厂不久，就经历了和在曼蚌糖厂类似的事情——锅炉坏了。当时，厂子只有两台锅炉，坏掉的那个是6.5吨的，剩下的一台勉强运行着，虽然能顶得住，但是大大影响了产量。于是，褚时健赶紧安排锅炉工人进行维修，谁知大家异口同声地告诉他，过去修这个锅炉至少需要两个月的时间，而这一次坏得更严重，需要50天。

褚时健听出了工人的弦外之音：他们对新厂长很满意，已经缩短了10天的工期，要是放在过去，至少要两个月!

虽然自己得到了工人们的尊重，但是褚时健对这样的答复一点也不满意，他立即板起脸对工人说："别给我说50天，给你们4天时间，修不好就滚蛋!"锅炉工人听了之后，愣了半天，最后有一个忍不住对褚时健说："厂长，你懂修锅炉吗?"还没等褚时健回答，紧接着就有另一个工人接茬说："就算不换炉壁，光是换40多根管道也得几十天。"这两个人一唱一和，引得大家都纷纷抱怨起来，从最初的发牢骚变成了满腔怒火，最后竟然纷纷扔下工具对褚时健说："不懂就别瞎指挥，谁能干就来干，这活儿，我们干不了!"

面对工人的心直口快，褚时健没有发火，而是默默地从地上捡起工具，对技工头说："我来修给你看，没有我的同意，你不能离开。4天修不好这个锅炉，我给你当下手。"说完，褚时健再次上演了当年在曼蚌糖厂的那一幕，只是这一次他没有钻到炉子里，而是除了吃饭和上厕所之外，连续三天守在锅炉旁边，左捅咕两下，右扒拉两下，到了第4天，锅炉修好了。

这一下，起初抱怨褚时健"外行指挥内行"的工人彻底傻眼了，他们没有想到新厂长不仅懂技术，而且干起活来还是个拼命三郎！于是，大家对新厂长的认识再次刷新了。

褚时健得到了大家的认可，也通过这两件事凝聚了人心，但是他知道，距离他带领玉溪卷烟厂改写历史还差着很大一段距离。因为，做一名厂长很简单，做一名好厂长实在困难。褚时健既要贯彻执行有关法律、法规和规章，又要向企业内部传达市场需求，还要向工人们宣传法律、法规的重要性。看似容易的事情，在玉溪卷烟厂落实起来却要费上九牛二虎之力。

由于受到大锅饭时代经年累月的影响，厂里的不少工人习惯了散漫，大有得过且过的味道，很多人没读过书，不识字，更别说是了解规章制度了。原厂长也是个粗人，基本没什么文化，且不说法律法规的践行，就是对厂里的人员管理也没有上心，所以，给褚时健打下了一个很坏的“底子”。

眼看着工人们一个一个成了不学无术的人，褚时健觉得不能任由这种状况继续了。为此，他和马静芬商量，决定自己掏腰包购买书籍，自己当老师亲自为工人们上课。

起初，工人们对褚时健的良苦用心并不理解，因为文革时代的“知识越多越反动”这句话还萦绕在他们耳边，让大家觉得当一个大老粗挺好的，何必那么辛苦学什么文化呢？对此，褚时健对工人进行了耐心的教育和引导，告诉他们知识储备的重要性，渐渐地，大家越来越认识到学习文化和专业知识的重要性，对褚时健的付出也心存感激。

苦心人天不负，经过褚时健的不懈努力，玉溪卷烟厂成为了当时唯一一个具有“书生气息”的厂子。据说，一些年轻的工人更是自发组织学习，不再需要褚时健督促了。这一切对褚时健来说，无疑是一个好开端。

毋庸置疑，无论是当时还是现在，褚时健的行为都是非常“靠谱”的。事实上，他在引导工人们正向思维的同时，也帮了自己大忙。因为他一旦破罐子破摔，厂里的工人或许会群起而攻之；又或者他退缩了，卷铺盖到矿上去，也许他的人生便没有今天的这等成就了。

不过，褚时健所要解决的问题还远没有结束。虽然玉溪卷烟厂的工作氛围、人员精神面貌有了起色，可包括褚时健在内的所有人都不知道，他们接下来要面临的岂止是危机，简直是重磅炸弹！

平息风波，整顿厂子

成功贵在一念之间，执着于此，就要不放弃，即使只有一点点微乎其微的希望，都要坚持不懈地努力，饱尝了失败后，才可能感受到成功的喜悦。

褚时健去玉溪卷烟厂当起厂长后，好不容易跟工友们建立起良好的关系。却不料，一年之后，中国有几百家卷烟厂都陷入了困境，玉溪卷烟厂也难逃劫数，面临破产。厂里很多人都转了行，有的人干脆直接回老家种地了。

上万人的工厂，一瞬间只剩下 300 人左右。眼看工人们越来越少，玉溪卷烟厂就要关门大吉了，很多人劝褚时健，还是及早罢手，另寻出路。毕竟连国家都管不了的烂摊子，他一个平民百姓又有什么回天之术呢？

当时的情形的确不乐观，破旧的小厂子，谁还能指望它“出人头地”？国家就算要拯救，要援助，也得先拯救那些有发展前景的大厂子，玉溪卷烟厂无非处于垂死边缘，等待它的下场只有一个：关门。

褚时健不服气，作为一厂之长，刚把大伙的激情调动起来，刚让大家掌握一些文化知识，怎么能对眼下的困难畏首畏尾?

褚时健的坚持，是他的一贯作风，没有人说服得了他，当然，也没人看好他，唯一支持他的，依然是妻子马静芬。

准备重振旗鼓的褚时健向留下来的300左右工人表态，希望他们能跟自己心往一处想，从此绑在一块儿。然而让褚时健没有想到的是，这一次他的真诚居然不奏效了。工人们连发牢骚，跟褚时健说：继续留下来，工资都没着落，养家糊口都是问题，哪有心思留下？

工人们句句属实，厂子当时的确拿不出钱来。

褚时健心里一盘算，人各有志，想走的就走，想留下的欢迎。就这样，他带着为数不多愿意留下的工人准备迎难而上。

为了换一个心情，为了这些愿意留下来和自己奋斗的员工，褚时健决定换一个环境。他带着百十个员工把烟厂重新粉刷了一遍，希望大家在一个亮堂的环境中发光发热。

很多人对褚时健的做法表示不解，都认为他疯了。厂子都要倒闭了，他还在这过家家，当起了泥瓦匠，简直就是个笑话。一些生来就爱嚼舌头根子的人，正好趁着这个机会来看褚时健的热闹。

褚时健心里清楚，换一个环境，就是换一种心情，他懂人心。同样的人，身处不同的环境，思维、行为都将有所变化。处在一个积极乐观的集体中，受到周围人的熏染，再悲观的人也会有快乐情绪。

留下来和褚时健打拼的，算是他的患难之交了，他得对大家负责。虽然身为厂长，但是褚时健知道，这时候不应坐办公室发号施令，得跟大伙一样冲在第一线，于是他开始走街窜巷，干起了“销售”。

销售什么？当然不是在大街上背个雷锋包吆喝卖香烟了。褚时健销售的是他自己——他到处拜访领导、厂商，希望他们“多多关照”。

弯腰不是屈服，走上坡路总得低头，舒服是留给逝者的。必要的时候弯一次腰，关键的时候低一次头，是睿智的表现。

褚时健正是琢磨透了这个道理，所以，他抛开一切所谓的矜持和面子，一门心思地给玉溪卷烟厂寻找出路。

留下来的工人，将褚时健的不屈不挠、不卑不亢看在眼里，记在心里，大家忽然意识到：虽然厂子有点破，但是有了这么一个事事冲在前的厂长，未来还是有希望的。所以，职工们对褚时健充满了信心，干劲也更足，褚时健说什么，他们就做什么。

终于，褚时健的营销策略起了作用，他开始收到了一些订单跟合同，仓库里积压的香烟，终于有了可以销售的地儿。

眼看着厂里的生意越来越好，单子越来越多，很多人建议褚时健招点人手。褚时健想起了当初所有辞职的老员工，随即一一给他们打电话，问他们还想回家吗？这一举动，让很多人为之震惊，也感动了很多人，大家纷纷说褚时健讲义气，够哥们儿。

是的，褚时健的确够哥们儿，没有怪罪他们在自己最为难的时候离开，反倒在自己辉煌的时候，想着再去拉他们一把，这种大气，正是企业家应有的情怀。

普希金说：“没有宽容大度的心肠，便算不上真正的英雄。”这般看来，褚时健当真是英雄。

事实上，老员工的离开，不一定是见利忘义的表现。他们的肩膀上扛着太多的责任，一家十几口，都指望着那一份微薄的工资，但他们年纪大了，总有扛不动麻袋、举不起锄头的时候。褚时健把他们“请”回厂里，他们也就不用风吹日晒，到处奔波了。

是时，玉溪卷烟厂的生意日渐兴隆，厂里工人的生活也慢慢好了起来，这都得益于褚时健的英明领导和不计前嫌。褚时健“销售”自己，真算是“物尽其用”了。

人是群居动物，自然离不开群体。企业经营道理相通，任凭一个再有能力的光杆司令，也折腾不出什么大动静来。一个篱笆三个桩，再好的将军也需要士兵为其冲锋陷阵，这才能兑现其所排之兵、所布之阵。所以，褚时健才如此看重人心、念及旧情，因为他知道，人始终是最宝贵的财富，没了人就没有了一切。

正因为越发意识到人力资源合理配置的重要意义，褚时健也开始着手组建属于自己的嫡系部队，这样“打起仗来”用着顺手。

当时，玉溪卷烟厂的“关门大吉风波”总算在褚时健的坚韧之下平息了。在迎来一片曙光后，他也要为烟厂的未来打算。虽然香烟卖出去了一些，不过那也仅仅是维持生计的效益而已，一个企业总不能停止不前吧？安于现状，烟厂肯定会再次走向灭亡。而且，这时候跟褚时健一路挺过来的工人也个个充满了干劲，工作上更努力，当真把烟厂当成了自己一辈子的饭碗。见此情形，褚时健觉得培养团队势在必行。

烟厂的效益越来越好，在玉溪这座小城市里自给自足完全不成问题。温饱解决了，下一步就得奔小康。

褚时健是个有责任心的人，加之在部队经过了几年时间的历练，年轻时身上的痞气早已蜕变为带团队的睿气、英气，也慢慢养成了严于律己的个性。褚时健的经历，不是所有人都有的，工友们没有，自己即将要选出的团队大将也没有。因此，他只能以身作则，从自己做起，从小处着眼，一点点去感染大家。

人往高处走，水往低处流。为了让工人们的干劲更足，褚时健每每都把极富煽动性的语言灌进大家的脑子里。他会以激将法的方式激励大家，让他们不要固步自封，守着自己手里那一个月几十几百元的工资，而是要把目标定得高些，再高些。

这招对工人们很奏效，在当时的社会环境下，谁不希望自己的收入越来越高，日子越来越好呢？大家无条件地支持褚时健，都认为跟着他“混”一定没错，何况他们也是吃到了甜头的。

褚时健清楚，工厂是国家的，也是大家的，绝不能搞一言堂，凡事他一个人说了算。再则，盘子大了，他一个人绝对有管理漏洞。为此，他开始为组建一个专业的团队，为工厂建立一个有责任心的“领导班子”劳心劳力。

按照烟厂的情况，如何打造一个好的团队，蓄积力量呢？褚时健犯难了。经过和工友们的一次次探讨，经过自己对周边单位的一遍遍走访，他决定，先把厂子按照“部门”划分一下，群龙无首断然不行。

褚时健采取的方式类似今天的“事业部”，他把烟厂分成几个部分，之后选出经验丰富、工作能力较强的人来担任部门干部。这样一来，德才兼备者都有了英雄用武之地，而那些混吃等死者，一个个都靠边站了。顿时，玉溪卷烟厂上下，随处都可以看到工人们斗志昂扬工作的场景。

好的风气带动好的效益，玉溪卷烟厂这个烂摊子，在褚时健的手里终于发出了微弱之光。这光虽弱，却也够燎原了。

地震创造了商机

机会，对个人来说是迈向成功的驱动力，对企业来说，是救命、制胜的法宝。个人抓住机会，可一骑绝尘；企业抓住机会，便能起死回生。褚时健带领的玉溪卷烟厂，当时活得不算畅快，也不至于饿死，可绝不是锦衣玉食。故此，褚时健和烟厂都需要一个能翻盘的机会。

20 世纪 80 年代，在褚时健刚到玉溪卷烟厂报到没多久，云南省澜沧便发生了 7.6 级地震。几乎同一时间——13 秒钟后，云南耿马发生 7.2 级地震。

两座城市前后都发生了意想不到的灾难，这对云南省而言，无疑是一场巨大的天灾，褚时健万分惊诧。何况，自己所生活的地方也正属云南省，玉溪市距离澜沧、耿马这两个震区算是最近的城市，他觉得自己应责无旁贷地在第一时间给予援助。

国难当头，褚时健认为必须要贡献一份力量。当时，他与震区的人民一起捍卫家园，寻找震后废墟中尚存的生命。

根据自己当兵时的经验，褚时健带着工厂里一半的员工赶赴灾区。带着物资，载着粮食，一辆辆运输车随时待命。

在队伍临出发前，褚时健忽然告诉大家，装上几箱香烟带走。

工人们听了，好像没反应过来似的，他们不明白带着香烟去灾区干什么。于是，大家纷纷用疑惑的目光看着褚时健。这时，褚时健问大家，因为什么才吸烟的。

有的人说，是别的同事都抽烟他们就抽了，也有的人说，是因为上班太累了所以才抽烟解乏用的，更有人认为，抽烟比较有男子汉气概。

褚时健听完大家的回答，最后表示，他让大家带上香烟是为了给奋斗在一线的士兵解乏用的，同时也是想让失去亲人的朋友缓解一下痛苦。褚时健考虑周到，赢得了玉溪卷烟厂所有员工的掌声，他们认为褚时健的想法是对的，所以尽量多装了几箱香烟，并决定这些香烟的费用由他们自己来承担。褚时健同意了员工的这个建议。

此时此刻，褚时健的内心是无比激动的，他知道自己当初选择这个残破的小厂子是对的，自己为这个烟厂的所有付出也都是值得的。对于当过兵的褚时健来说，这种情谊比任何事情都重要。一场无情的地震，让他看到的是玉溪卷烟厂全体员工的有情有意。

褚时健的团队，在地震中的积极表现，得到了当地政府的表扬。褚时健带去的几大箱子香烟，也确实为大家扫走了疲倦。

这场空前的灾难，对澜沧、耿马的人民来说，是悲痛的，对云南政府来说更是一次挑战，然而对褚时健来说，影响却是不一样的。由于带去灾区的香烟得到了大家的认同，从灾区回到烟厂后，褚时健决定打着地震香烟的“旗号”，为灾区的人们筹备物资。呼吁每个人尽量地购买香烟，并承诺，除去成本外，所有的香烟收入都进行捐赠，也希望通过广大市民买香烟的行为，让每一个人都为震区贡献一份微薄之力。

现在，当我们走进肯德基进行消费的时候，每消费一笔，肯德基就会给我们发一个“心”型粘贴，感谢我们为偏远地区的儿童捐赠一毛钱的学费。可是和褚时健相比，似乎跨国企业肯德基所捐赠的资金实在是少得可怜。当然不能要求 KFC，甚至所有的企业，都和褚时健一样，利润全无，然而，单一的从这个领域出发，可以认为褚时健是在用自己的方式，赤裸裸地击败了跨国公司 KFC。

就这样，大家纷纷购买玉溪卷烟厂生产的香烟，理由很简单，只是为了给灾区贡献一份小小的力量。人多力量大，受灾的两座城市，得到了来自玉溪市人们巨大的援助。同时，玉溪卷烟厂也很快售出了库房里的所有香烟，褚时健的这个行为，不仅得到了玉溪卷烟厂全体员工一致支持，也得到了玉溪市市民的好评，更得到了受灾地区澜沧和耿马人民的好评。

其实，褚时健刚开始没有想过这场地震会变成自己的一个机会，变成玉溪卷烟厂的一次商机。他说："自己只是很坦然地想为自己生活的地区，做一点事情。吃水不忘挖井人，何况这座城市的每一片土地，都与自己息息相关呢？"

是啊，像褚时健这样一个耿直率真的人，不可能和那些黑心商家一样，打着受灾的旗号，收揽钱财。更何况，玉溪卷烟厂当时所有的收入也的的确确一分不少地都捐赠给了灾区人民，这在灾区捐赠的记录中是有过记载的。

听玉溪卷烟厂的老工人们说："那场地震是玉溪卷烟厂唯一没有剩货的一年，虽然也没有利润，但对厂子本身来说，已经很好了。"那场无情的地震，从某个角度而言，给玉溪卷烟厂带来了很好的机会。

褚时健的做法，自然是一箭双雕的，虽然厂子基本没什么利润，起码也不至于囤货，不赔不赚，保个本，还免费打了广告，资助了灾区，一举两得，这不得不令玉溪卷烟厂的员工们敬佩。他们都说"褚时健就是玉溪卷烟厂的救星"。

褚时健在地震中，千里送鹅毛，给人们送去了物资，送去了关怀。而地震回馈给褚时健的是玉溪卷烟厂开始起步发展了，是地震为玉溪卷烟厂建立了良好的口碑。

没有刻意地去要求什么，却在真心付出的同时，得到了回报，所以说，上天是公平的，只要你用心，它就一定会给你关照。

褚时健回忆，直到现在，这么多年过去了，云南地震的余音似乎一直都在，每当电视新闻报道哪座城市，哪个地区发生震灾的时候，自己就会想起走进澜沧、耿马时候的情景，当年每一处倒塌的楼房，每一条塌陷的街道，每一个被挖掘出来的生命……

2008 年 5 月 12 日 14 时 28 分 04 秒，四川省阿坝藏族羌族自治州汶川县发生里氏 8.0 级地震。这场地震，破坏了超过 10 万平方千米的地区，烈度达 11 度。此消息一出，如同一颗原子弹一样，波及了大半个中国，以及亚洲多个国家和地区。地震波及的范围之广，破坏性之大，造成的人员伤亡之多，全国上下无不震惊。

那时褚时健看着电视中汶川地震的报道，一下子想起来 20 世纪 80 年代的云南。他的心再一次被深深地攫住了：灾区同胞所承受的痛苦和不幸，让他无法袖手旁观，他决定尽一己之力奉献出一片爱心。

后来，在汶川地震的捐款名单上，人们找到了褚时健的名字。粗略统计，钱款和物资累积起来高达一百多万人民币。这是褚时健以个人的名义捐出的。

褚时健说："看见汶川地震，仿佛回到了 80 年代，自己亲眼目睹无数个家庭流离失所，亲眼看见每一个士兵不分昼夜地寻找一丝丝生的气息，自己就感觉必须得做点什么。可是自己年纪大了，手脚不灵活了，没有办法再去灾区救人了，只能提供点微薄的物资。"

褚时健把这一百多万人民币看作是微薄的救灾物资，可见生命对于褚老的意义是无法用金钱衡量的，这不仅与褚时健上过战场有关，也与褚时健参加过云南地震的救援有关。

社会上有很多声音说："褚时健之所以捐赠一百多万，那是因为他有钱，这点钱对他来说根本算不了什么。"

在很多人眼中，褚时健的确是一个成功的企业家，有着丰厚的资产。可是，不管他身家是多少，他毕竟是真心实意地在做着。

6 “烟王”崛起

引进生产设备

一场地震让玉溪烟厂渡过了生死存亡的关头，然而褚时健并未松懈，他知道，在莫可名状的未来，有更大的挑战等待着自己，眼前的成绩，只是更大战役的前奏而已。

有人说，他老褚不是化解了危机，转变了观念，凝聚了人心吗？怎么还不能松口气呢？其实，褚时健解决的这些问题依然是小问题，如果从玉溪卷烟厂的发展前景来看，很多致命的、核心的问题根本没有解决，其中最重要的问题就是，如何能实现规模化的生产。

企业的规模化不是好高骛远，而是生存于市场的必然选择。

生产一条烟，找个渠道卖出去，这不算本事，工人也不会因为付出了几声吆喝和一身汗水就能发家致富。要想让玉溪烟厂大有作为，成为知名企业、纳税大户，只有站在更高的格局中，才有希望。

这是褚时健一直在琢磨的事儿：怎么才能把厂子越干越大呢？

由于给员工修建宿舍楼花去了一百多万元，所以烟厂的老家底儿基本上都被用没了。所以，褚时健迫切需要想办法让烟厂寻找到一个继续发展的“增长点”。

为此，褚时健几乎走遍了工厂里的每一个角落，最后他的目光落在了那些机器上，他知道卷烟的质量高低，和设备的好坏有着密切的联系。玉溪卷烟厂的这些设备实在太老了，早就应当退役了，就算是最新的机器也是国产的，其性能仍旧停留在机械性操作的水平上——和世界上普遍采用的自动化和电气化设备根本没有可比性。

卷烟本身就是一个新生事物，所以在中国起步比较晚。19 世纪 90 年代，美制邦萨克卷烟机第一次进入中国，开启了中国烟草工业化新里程碑。到了 20 世纪初期，国外的卷烟生产设备渐渐批量地进入中国，推动了中国卷烟制造业的进一步发展。

1917 年，英美烟草公司在上海浦东二厂创办了机械维修部门，对其下属的卷烟厂的机械设备进行维修，同时也生产一些维修需要的零部件。进入 20 世纪 20 年代，在中国的上海、昆明和广州等地的一些铁厂中，开始对国外的卷烟设备进行仿制，也造出了一批卷烟机、切丝机和烘丝机等。不过，旧中国的机器制造业实在很落后，加上战乱不断等客观因素，始终没有得到很好的发展。在新中国成立之后，由于外国资本主义被赶出中国，所以英美烟草公司于 1952 年将他们的颐中烟草转给了国营的上海烟草公司，于是上海烟草公司将旗下的浦东二厂机械维修部改为了上海烟草机械厂，由此成为了新中国第一个专门生产烟草机械的制造厂。

就这样，中国人开始生产自己的烟草机械，并慢慢具备了从卷烟机单机、包装机单机再到制丝线上的单机产品生产能力。不过，由于条件所限，国产的烟草设备耗能较高却效率低下，而且工人的工作环境也十分恶劣。

在中国进入计划经济时代之后，轻工业部门下发了命令，让国内的烟机企业学习国外技术来制造新产品，或者是通过对原有产品进行改造催生出新产品。在这条新思路的指导下，中国的烟草机械制造水平得到了进一步提高，一般的卷烟设备都能够自己生产，其中卷接包装工段和制丝车间跟国际20世纪四五十年代的水平已经非常接近了。

1962年，中国自主研制的第一台条包装机正式面世，不过因为机器的体积过于庞大，加上操作难度很高，生产效率却很低等缺点，导致这个机器未能得到普及和推广。后来经过了改良之后，1966年又推出了体积更小、效率更高、操作也比较方便的简易条包机，被命名为YB61条包机。这台机器采用了10包直式包装形式，每分钟能生产10—25条。不过，这个机型由于结构比较复杂，精度要求很高，所以还是没有被批量推广，而是继续进行改良。到了1966年，上海烟草工业机械厂在学习了杭州卷烟厂的经验后，成功研制出了联合式的简易小包机，并将其命名为YB12型卷烟包装机。别看这个机器结构简单，但是操作起来非常容易，只是生产能力还是不高，大概是每分钟生产120包左右。

1971年，上海烟草工业制造厂又研制出了4—5型直包包装机——YB13型卷烟包装机，它的生产能力达到了每分钟160包，不过稳定性却比较差。到了1975年，上海烟草工业机械厂又生产出了4—5A卷烟包装机，最后定名为YB13A型卷烟包装机。1978年，再次推出了YB13直包包装机和YB51透明纸小包机以及YB62软条包装机的机组连接。一直到了20世纪80年代，上海烟草工业机械厂又推出了YB13C型直包包装机。

新中国的烟草设备就是在这样反反复复的研发、改良、定型的过程中逐渐成长起来的，虽然在技术上还不能和进口的设备相比，但能够做到这一步已经很不容易了。

褚时健经过一番学习和考察之后，坚定了更换玉溪烟厂陈旧设备的念头，这种粗陋的生产工具绝不会帮助他提高厂里的经济效益，只能拖后腿。但是，想要更换新设备，厂里又没有钱，这该如何是好呢？

正当褚时健为资金短缺的问题发愁的时候，一个意外飞来的消息让他精神起来。当时，云南省轻工业厅发来消息：国家建议昆明卷烟厂和玉溪卷烟厂分别引进一台MK9—5烟支卷接机，国家将为他们提供贷款。

褚时健听说这款机器，已具备了国际技术水平，比国内的卷烟设备要好很多，设计能力能够达到每分钟5000支，差不多相当于好几台普通的卷烟机。更重要的是，这种设备非常节省原材料，每箱烟只消耗烟丝45公斤，可以节省10公斤。另外，这个机器还具备了其他几项先进功能：同位素射线测量重量以及自动检验烟支质量。

不过，好货不便宜，MK9—5烟支卷接机价格是261万元人民币！差不多可以再盖六七栋宿舍楼了！让褚时健有些尴尬的是，当时的玉溪卷烟厂全部的投资加在一块，还不足这个数字！

虽然国家承诺提供贷款，但终究是要偿还的，而且是一笔天文数字！褚时健没办法一个人拿定这个主意，就马上召开了全厂干部大会，向大家谈了自己的想法："我们厂里的人不是工作不积极，也不是懒惰，但为啥我们的效益一直上不去呢？这跟设备有很大的关系。这一次，省里面也只有两台机器的名额，如果我们错过这个机会，那就有可能我们一辈子都要像现在这样窝囊地活下去了。"

虽然职工们都知道261万元是个什么样的概念，也知道这将意味着玉溪卷烟厂会承受巨大的负债压力，但是他们相信褚时健的决定，更对褚时健的分析表示赞同：是啊，再不能这么窝囊地活下去了，得加把劲干起来！所以，在褚时健的力主之下，全厂一次性通过决议：购买MK9—5烟支卷接机！

这是玉溪卷烟厂发展史上最重要的一天，也是云南烟草业崛起的关键一页。

褚时健给大家谋划的前景并非是虚幻的，很快大家就看到了它的正确性：在新机器引进到厂里之后，卷烟产量立即发生了翻天覆地的变化，卷烟产量成倍地增长，而且质量和过去相比，提升的不止是一个档次，这意味着玉溪烟厂生产出来的香烟，在市场上具备了足够强大的竞争力。

玉溪烟厂沸腾了，他们终于亲眼看着企业向前迈了一大步。不过对于褚时健来说，这一切都是在意料之中：买了新设备，产量增加是必然的。可产量和工艺提高了，玉溪烟厂就能马上晋升为中国的一流烟厂吗？

当然不能，所以褚时健的脑子里还在琢磨着更重要的事。当时间的车轮行走到1983年这个刻度上时，他所琢磨的一个问题解决了，而玉溪卷烟厂另一个关键性的“升级”也即将来临。

开发烟叶实验田

1983年，也许对很多人而言，并没有太过特殊的纪念意义，但是对烟草行业的从业者来说，这一年注定要写进中国烟草发展史中的关键一页。

1983年9月，中国烟草总公司刚刚成立一年，国务院颁布了《烟草专卖条例》，宣布对全国范围的烟草行业实行高度集中的统一管理体系，由此形成了中国烟草发展史中首次完整且全面的烟草专卖制度和管理体制。

其实，烟草专卖并非是中国特色，早在烟草传入欧洲之后的一百年，很多国家就对烟草的生产和销售进行了严格的监控，并加上了重税。即使是在今天，这种制度在很多国家依然存在。

那么，为什么看似普通的烟草要实行专卖制度呢？为什么不能和白糖一样自由买卖呢？这恐怕要归结到烟草的特殊属性。众所周知，烟草不是生活的必需品，却在社会大众中有着广泛的需求，尽管它对人的健康有破坏作用，可是人们仍然青睐于它。而且，烟草是一种十分单一的产品，一次性就可以消费完，却有着难以估量的经济价值。更重要的是，烟草拥有着一条很长的产业链，起点可以追溯到农业，而终点则可以落到外贸出口。

不过在中国，烟草业的确具有着中国特色，那就是拥有着最大的烟草公司和最落后的办公设备。而且，整个烟草业经常出现偷税漏税的情况，从1971到1978年，国家因为减少的卷烟利润就达到了6亿多元人民币！无论从产业链条上，还是从生产效率上，或者从日常管理上，烟草业都存在着诸多问题。

当中国进入到改革开放年代之后，农业实行了家庭联产承包责任制，工业也扩大了企业自主权，而烟草行业的重要改革步骤就是建立专卖制度。当时，国家出台这一套法令，也是学习了世界上70多个国家和地区实行烟草专卖制度的案例，在确定其具有可行性的基础上才正式颁布的，并制订了“统一管理、垂直领导、发展生产力”的总方针。

随着中国经济的日益复苏，中国烟草业也从旧有的落后和乱套的状态中走出来，朝着一条光明大道前进。在1983年，烟厂从之前的轻工部下放到各个省份进行管理，企业融资体制也发生了相应的变化，从原来的财政拨款变成了贷款，同时享有还贷之后可以退税的权利。不过，为了避免给国家资产造成一定的损失，当时的政策还有一条规定：如果不能偿还贷款，企业的相关负责人就要负法律责任。

这个补充条款一出来，很多企业的负责人就变得小心翼翼了，他们担心因为一时的头脑发热给自己惹来大麻烦。不过，也有人对这个条款丝毫不介意，他就是褚时健。

1984年，褚时健来到了云南省人民政府附近，拦住了当时的副省长朱奎，还没等人家反应过来，他就先作了自我介绍：我是玉溪卷烟厂厂长褚时健。说完之后，他马上向朱奎讲了自己想要贷款购买外国先进设备的事儿。

朱奎分管设备技术引进，所以对这方面的情况非常了解，在他听了褚时健的慷慨陈词之后，立即表示同意贷款给褚时健2300万美元——一笔天文数字的巨款！

或许，除了褚时健之外，再没有人有这样的胆量了。这么一大笔钱，如果真的经营失败无力偿还的话，那下半辈子笃定要在监狱里度过了。可是在褚时健看来，他敢借这么多钱，就相信这笔钱一定能如期归还。当然，褚时健也做好了最坏的打算，他曾经向弟弟褚时佐交代过，如果自己不能偿还贷款而进了监狱，一定要帮助他照顾好儿子女儿。

这就是褚时健的魄力，一种干大事业的人才能具备的勇气，在他的人生字典中，畏首畏尾的确能活得很安全，但永远也成不了大气候。彪悍的人生，只有放手一搏，才能写成让别人仰视的“人”字。

2 年的时间过去了，玉溪卷烟厂先后引入了当时国际上最先进的 10 台卷烟机、12 台包装机、2 台滤嘴成型机、2 台运输机拼接而成的德国意大利名牌生产线，让玉溪卷烟厂一跃成为了世界级别的先进烟草生产单位。而这个序幕拉开之后，褚时健便一发不可收拾，他前前后后又引进了 80 多台先进设备，组建成了两条具有 40 万箱生产能力的高档卷烟生产线。为了让厂子少花一点外汇，他尽量在多个国家分别引进零部件进行配套安装。

玉溪烟厂一下子从“土包子”变成了“高大上”，其配备的机器不仅在国内首屈一指，就算拿到国外也是响当当的“硬货”。后来，一位业内人士参观了玉溪卷烟厂，最后说了一句话：以后再想引进设备不用去国外考察了，直接到玉溪卷烟厂看看就行了。

没错，褚时健已经将玉溪卷烟厂从上到下全副武装了起来。他甚至揽下了云南全部的外汇——2300 万美元，先后从英国、美国购进了新设备。虽然褚时健花钱毫不犹豫，但是玉溪卷烟厂创汇能力也不俗，从 1985 年到 1988 年，先后创汇 1 亿多美元，相当于他花掉外汇的1.5倍。直到那一刻，褚时健悬着的一颗心终于放下了，他不会因为还不上贷款而坐牢了。

褚时健为什么大手笔地引入进口设备呢？在他看来，主要有两方面的原因。一个是因为，引进了进口设备，能提高职工的技术水平，通过操作先进机型让他们的理念和国际接轨，为此褚时健专门开办了技术培训班；另一个原因是，先进的设备能够促进厂里对机器部件研究水平的提升，比如卷烟机的烟舌头是极易磨损的零件，后来经过褚时健和科研部门的共同研究，制造出了可以代替进口部件的新品，还节省了资金。

有了先进的设备，玉溪卷烟厂在国内烟草生产单位中成了地道的"土豪"，然而褚时健并不满足，他将目光从设备又移到了烟草的原材料——烟叶。

褚时健认为，无论有多先进的设备和多高明的技术，都只是外部条件而已，要想提高卷烟的档次，最核心的还是烟草的质量。于是，褚时健在1984年请来了美国农业部的烟草专家、华人博士左天觉帮助玉溪烟厂指导烟草种植。

左天觉是湖北人，著名的农学家和植物生理学家，主攻的方向就是烟草，他在1941年获得了南京金陵大学的学士学位，又在1944年获得了硕士学位，毕业后在中国农业烟产改进处和中国社会部社会服务局实验农场等单位工作。1947年他去了美国留学，1950年获得了宾夕法尼亚大学的博士学位，之后进入了美国通用雪茄公司和美国农业研究局等单位，是一个知识渊博、经验丰富、技术精湛的烟草专家。

褚时健将左天觉请到了玉溪的通海县——褚时健第一个开发的烟叶实验田。当时，通海县是褚时健密切合作的经济伙伴之一，也是国内连续10年获得烟草生产冠军的产地。可就是这么一块名牌产地，左天觉看了一眼就发现了问题：化肥使用不当，仅仅相当于美国的40%，所以烟叶营养不良，同时烟苗种植时间太晚导致其发育不足，生长期缩短。另外，左天觉还指出，烟农采摘烟草的时间太早，没有成熟就送进车间了。

其实，左天觉指出的问题并非是通海县独有的，而是当时整个中国烟草种植的现状，由于烟农在种植烤烟的时候，出于利益的考虑，所以在乎的是烟叶的产量而不是质量，这就导致了他们在选种、栽培、施肥乃至烧烤等流程中十分随意。当然，造成这种现状的根本原因不在烟农本身，而是烟厂作为一个经济实体，要和很多部门打交道，比如供销社、烟草公司等等，但这些却和烟农无法对接，所以烟厂很难和烟农之间形成稳定的关系往来，总也达不到最理想的状态。

基于这种现状，褚时健认为最好的解决办法是提升中国烟叶的质量，而实现这个大目标之前要先实现两个小目标：一个是争取到更多的资金对烟田进行改造并购买有营养的化肥；另一个是增加种植和栽培的技术含量。经过一番考量之后，褚时健开始进行大刀阔斧的改革，他不仅要让玉溪卷烟厂颠覆传统的管理生产模式，还要让中国的烟草业看一看，在新的体制下，他褚时健能爆发出何等的能量！

“三合一体制”构想

古往今来，改革一直是个长盛不衰的话题，历朝历代都在推行政治经济改革，中外企业也在尝试着体制、模式改革，目的无外乎是让自己变得更强。可是，改革也是一柄双刃剑，在迎来新变化的同时，也会动摇旧制度、旧思想的根基。因此，但凡进行改革，一定会产生阵痛，严重者甚至会引发“地震”。

作为一个企业的管理者，褚时健当然明白，要想“活得消停”点就不要触碰“改革”二字，但是他更清楚的是，如果不谋划一种新的产供销体制，玉溪烟厂再引进多少台外国机器也一样没有大作为。

不过，改革要从哪儿开始呢？

褚时健经过冥思苦想，认定改革的前提是要调动人的生产积极性，所以他将“包干”这个概念引入到生产中，在烟厂中推行了“单箱卷烟工资奖金含量包干”的政策，就好比是家庭联产承包责任制一样，充分调动了员工的生产积极性。很快，玉溪卷烟厂上上下下都呈现出一派热闹的景象，职工们这才从“大帮哄”的陈旧观念中骤然苏醒：只要自己足够努力，就有机会多赚钱。

除了在烟厂进行改革，褚时健还将最关键的一项措施落在了烟田上。当时，他向通海县的县长何兆寿提了一个建议：玉溪卷烟厂将给当地农民提供资金和化肥帮助他们改造烟田，同时建造水库和水管，不过，收上来的烟叶只能卖给玉溪卷烟厂。

虽然这个建议听起来有点“霸王条款”的味道，但由于褚时健开的收购价格很高，而烟叶又是通海县最重要的经济作物，所以县长点头答应了，给了褚时健 1700 亩烟田。也就是从这一刻开始，通海县的烟田和玉溪卷烟厂结成了“利益同盟”，让他们紧密地绑在了一起。

这个政策，就是后来褚时健提出的那个著名理论——烟田是企业生产的第一车间。当然，关于烟草业的探索和发展，很多有识之士还仍在摸索之中。

对褚时健出钱帮助农民种烟草这件事，很多人觉得想不明白，认为这是赔本的买卖，然而褚时健却不这么认为，他说如果烤烟的品质退化了，就不可能有高档卷烟，与其冒着没有好原材料的风险去销售，还不如让农民集中精力把烟草弄好，这样烟厂的经济效益才能搞上去，国家也会增加一部分收入。

1985 年，玉溪卷烟厂拿出 50 万元，指派专人和省烟科所一起来到玉溪和通海等地，帮助当地农民种植优质主料烟。不久，试验田中的上等烟叶质量比之前提高了 10% 。

1984 年 3 月 24 日，福建省 55 位国企厂长和经理，在《福建日报》上发表了一篇名为《请给我们松绑》的文章，希望国家能够将实权交给他们，随后《人民日报》进行了全文转载。过了两个月，国务院就颁布了《关于进一步扩大国营企业自主权的暂行规定》，明确了企业将会得到更大的生产经营自主权。

可以说，这是一次市场经济对计划经济的有力撼动，也是国企改革历程中的一次关键性的突破。然而，具体到烟草行业中，很多落后的规章制度还是存在并影响着本行业的发展。比如，在 1985 年的时候，跟褚时健合作通海县实验烟田的中高端烟叶质量达到了 91% 的合格率，已经与国际标准别无二致。可是，就在他想进一步推广这种办法的时候，却遭到了玉溪郊区的反对。原来，在 1983 年颁发的《烟草管理条例》中明文规定，烟厂无权参与烟叶的收购和推广种植，只有烟草公司才有这个权利。

不过，由于褚时健早就和一些烟草公司打了招呼，所以他们也只能以事先商定好的价格将烟草卖给玉溪卷烟厂。从这个角度来看，当时的烟草公司和烟厂已经没有那么明显的差别了，更能反映出褚时健推行的这套实验田政策已经得到了烟草公司的认同。但是，褚时健上面的省市一级的烟草公司，却对他的这一系列做法表示极大的不满：这不是有着“僭越”之嫌吗？于是，一些领导在公开场合指责褚时健“放肆”。

按照规定，烟田从属于烟草公司，和烟厂是平级的，烟叶的生产是在烟草公司的领导之下，而烟厂的任务就是负责生产，无权插手烟田怎么去种烟，更不要说提供给人家资金和化肥了。所以，褚时健这种主动出击打造优质烟叶产地的做法，是超出职权范围对烟田“指手画脚”，是不能被上级所允许的。

但是，从另一个角度来看，褚时健虽然越权，但是人家当地的烟草公司没有告他的状，这是因为褚时健绕过了烟草公司，得到了通海县行政部门的首肯。而且，褚时健从他获得的利润中拿出一部分回报给了烟田，所以烟草公司也就睁一只眼闭一只眼了。或许，这就是原则性和灵活性的统一。

当然，褚时健的这种做法还是会引起和体制之间的冲突，尤其是烟草公司被架空这个事实，要知道，当时的烟草公司是整个计划经济中最重要的支柱之一，所以在国家烟草专卖局的大型会议上，很多人对褚时健的做法已经到了拍案而起的地步。但是另一方面，大家也都看到了这种“僭越”行为所带来的好处，玉溪卷烟厂收购到了优质的烟叶，而烟农的回报也比之前多多了。

1994 年，褚时健在通海县召开的十连冠庆功会上说：“1993 年玉溪卷烟厂生产的红塔山香烟，每三条中就有一条是用通海县生产的优质烟叶卷制的。”正是这辉煌的成就，让烟草业的有关部门最终默许了褚时健的做法，他的“第一车间”得以保留。也正是这个举动得到认可之后，褚时健的思路再次打开了。

褚时健认为，产供销是企业生存和发展的必要环节，只有保持一条线不断档，才能让期间穿插的种种环节畅通无阻，然而当时的现状是：烟草公司负责烟叶生产，却不制造卷烟，烟厂生产卷烟却无权销售，烟草专卖局只管销售……在这种计划经济体制下，产供销三个环节严重脱节，无论其中哪个部分出了岔子，都找不到直接的负责人，能找到的只是互相之间推诿责任。

鉴于这种不利局面，褚时健构想出了一种“三合一体制”：烟厂厂长兼有厂长和专卖局局长的双重身份，同时也是烟草公司经理，三个环节有机联合在一起，有利于进行指挥调度，这样也不会造成任何越权，而是全盘合在一处。

不难看出，褚时健的三合一体制，其实质是将烟草的质量放在了第一位，然后再去考虑销售的问题。不过，这个构想放在当时来看，的确迈出了很大的步子，它等同于漠视了计划经济体制下对各环节的固定化管理，严重冲击了旧体制。

尽管褚时健有点冒天下之大不韪的意思，但他还是大胆地将这个构想提了出来。对此，中央没有马上作出回应，而国内的其他烟草企业也持保留意见——谁也不愿意做第一个吃螃蟹的人。到了最后，还是云南省经过了认真的考察之后，决定试行一阶段看看。由此，玉溪成为了褚时健大胆设想的一块实验田。

纵观褚时健的一生可以发现，他不是在探索的路上，就是在路上不断地探索着。正是他孜孜不倦的追求，才让他的人生不断趋近完满。

垄断玉溪烟草业

19 世纪末 20 世纪初，中国掀起一场留学浪潮，很多人选择去外国“贴金”。而美国，作为全球经济的中心，更是不少留学者的首选。作为发达国家，美国基本掌握着全球经济的大动脉，其在各行各业都处于龙头老大的位置。

“倘若没有去过美国，还真是见识不到什么是最先进的设备，什么是最高效的管理，什么是最人性化的制度。富裕的生活、卓越的思想，足以让人惊叹。”这样的说法早已不是那时留学生的口头禅，国内许多颇有见识之人，也常把这话挂在嘴边。

褚时健也听过这话，他听的目的不是为了了解这个事实，而是另有打算。他查阅了很多资料，发现改革开放后，出国留学的队伍正在逐渐扩大，选择出国留学的人越来越多。

看着自己整理出来的出国留学人数增长的数据，褚时健很奇怪。20世纪80年代初期，中国改革开放正在深入，经济发展已是弦上之箭，不少人都选择在这个好时期开创自己的事业，可为什么在如此大好前景下，还会有那么多人坚持出国，甚至移民呢？

“美国或许真的是一个实力派代表。”这样的话肯定在褚时健的脑子里盘旋过。跟着改革开放的步伐，紧随时代的脚步，褚时健经过研究考察，也决定出去看一看，想见识一下诱惑力十足的美国，到底哪儿肥，哪儿壮？

褚时健有自己的盘算：国内很多技术或设备落后于美国，各行各业中均出外考察，或引进设备，或学习技术、经验，那为何不把这样的经验用在玉溪卷烟厂？很快，褚时健派出自己精心培养的“褚家军”，登上了去美国的飞机。兵贵神速，抵达美国后，经过一个多月的考察，“褚家军”考察团带着褚时健的期待凯旋而归。

当时，在全国“烟界”还没有人意识到要去国外学习技术，褚时健先拔头筹，在全国“烟厂”还没有引进新设备的时候，褚时健更是快人一步。

幸运的是，1984年，在改革开放的号令下，西南地区得到了组织上一笔多达2000万美元的拨款。当时，玉溪卷烟厂的固定资产总共有7000万元人民币，褚时健拿出了2000万美元砸在了设备、技术上。

可以算一笔账：1984年时，美元兑换人民币的比率是1∶2.3，也就是说，玉溪卷烟厂7000万元人民币的固定资产中，有2/3被褚时健用在了新设备的引进上。

褚时健不仅是一个“时机者”，还是一个敢于承担风险的勇士。

新设备的引进，提高了生产效率，降低了成本，促进了玉溪卷烟厂自身的快速发展。可这仍未满足极具野心的褚时健的大胃口。

1986年，褚时健兼任了玉溪烟草公司经理和玉溪地区烟草专卖局局长。随后，玉溪卷烟厂又引进了89台先进卷烟设备，投资共计5476.9万美元，生产过程完全实现了自动化。3年内，生产总值翻一番，基本上成为了中国年度卷烟业绩冠军。

1987年，云南省意外获得了“可以适当突破当时烟草的专卖制度发展烟草”的机会。一向敢闯敢干的褚时健，改弦易辙，取消和烟草公司的合作，直接与种植烟草的农民联系，给予他们更高的收买价钱。这样的方式，既省去了合作费用，也可以亲自监督烟草的种植和生产，还得到了收入增高的烟农们送来的高质量烟草，可谓一举三得。

烟厂业绩得到了大幅度的提高，褚时健趁热打铁，在烟厂内实行了“三合一”制度，即玉溪卷烟厂、玉溪烟草专卖局、玉溪市烟草公司合而为一，所有的大权全部集于褚时健一人身上。

取消了对地方烟店的货源，褚时健自己成立直营店，即所谓“小农经济”，自给自足，降低成本，提高利润。一瞬间，其垄断了整个玉溪的烟草行业。

从引进新设备的1984年到垄断玉溪烟草行业的1988年，这4年间，玉溪卷烟厂在褚时健的带领下昂首阔步，势不可挡。

褚时健在“压力效应”中，强迫自己去努力思考，不断前行，化压力为动力，转思维，追前沿，始终站在时代的肩膀，放眼未来。经营企业的斗士们都晓得，企业稳步发展的成功要素，不是单凭先进的设备，优质的原材料，还要有“以人为本”的思想，创新销售的战略对策。

对当时的玉溪卷烟厂而言，烟草的供给有烟民，生产有设备，万事俱备，还差什么？——销售，这是一个至关重要的问题。设备再先进，烟草再优质，卖不出去，砸在手里，堆压在库房，又有什么用？褚时健想得头都大了。烟是一定要卖出去的，至于怎么卖，还得从长计议。

销售产品有一定的技巧，非得“对症下药”不可。褚时健思来想去，制订了三套销售方案：第一，提高卷烟的档次、品质，对烟草进行分类定价；第二，根据地区的形势，针对发达地区和欠发达地区，出售不同的烟草；第三，改变原有的模式，采取管理创新，制度创新，销售创新。

同时，褚时健鼓励工厂的每一位员工，学习产品知识，要求大家除了对厂子里生产的香烟熟知外，还要对市面上其他厂子生产的香烟悉心研究。如此才能做到知己知彼，让顾客看到“专业”，让同行看见“专一”。

褚时健的要求没错，可这对本来文化程度并不高的工人们而言，无疑又是一次挑战。对年纪比较大的工人，褚时健的要求没那么高，只希望他们继续做好分内的事就好。如此，新知识的学习，推销的重担便落在了年轻工人身上。褚时健知道，年轻人的视野相对开阔，发展空间也大，身上的担子重，以后的提升才快。

事实的确如褚时健所说，这从玉溪卷烟厂的销售业绩上即能看出来。1988 年，玉溪卷烟厂生产的“红塔山”牌卷烟，荣获国家的优质产品银奖，打败了当时销售火爆的昆明烟厂的云烟，贵州烟厂生产的花溪等老字号、大品牌。

同时，玉溪卷烟厂的“阿诗玛”、“红梅”两个品牌的香烟荣获“行优”称号。同年 7 月，在国家宣布开放价格的 13 种名烟中，玉溪卷烟厂生产的“红塔山”、“阿诗玛”、“玉溪”、“恭贺新禧”等都名列其中。这对玉溪卷烟厂而言，不仅是打了一个免费的广告，更打响了自己的品牌。

直到现在，玉溪卷烟厂的香烟也占据着 60% 的市场。只不过在 1988 年，部分香烟只在城市中销售，现在随意走进一个村子，都可以找到玉溪卷烟厂生产的烟草，说其遍布大街小巷一点都不夸张。

也是这一年，玉溪卷烟厂被定义为全国大型企业，实现了工商税利 11.68 亿元，这样的业绩，比 1984 年的 2.99 亿元翻了近两倍。

厂子效益好，工人的工资也会水涨船高。这时候，褚时健在他们眼里不再是个小老头，而是大财神、“活菩萨”。没错，褚时健当真以起死回生之术，彻底救活了原本行将就木的玉溪卷烟厂。

硬设备，外加软销售，褚时健成功地打造了一条独属玉溪卷烟厂的新路子。当然，他的销售不是软弱，而是软性化，以四两拨千斤之巧力，撬动了庞大的经济市场。至此，相信很多人都会竖起大拇指，说上一句：老褚，干得好！

留守烟厂

1986 年，云南省政府决定将玉溪卷烟厂和玉溪烟草公司以及地区烟草专卖局进行合并，实践褚时健提出的“三合一”体制。1987 年，玉溪卷烟厂再次拨出 285 万元扶持烟农，到了 1989 年又拿出 5000 多万元继续资助烟农。在投入了重金之后，云南一地的烟草质量有了飞速的提高，甚至可以和美国的烟草相媲美，其上等烟的所占比重也由原来的 30% 提升到了 36%，创造了全国纪录。

高质量的原材料，成为了玉溪卷烟厂前进的动力之源，推动了它年产量的持续增长。当时云南省委书记夸奖玉溪卷烟厂是走了一条工农结合、共同发展的新路线。

在得到上级领导的肯定之后，“三合一”体制被政府在全国范围内推行。褚时健，以他的大胆构想和勇敢的实践精神，在中国改革开放的初期为烟草行业探索出了一条崭新的道路。

从 1987 年开始，玉溪八县一市得到了有关财政部门的拨款，开展了山区水浇地烟工程，前后共建造了 1067 座引水、挖水和蓄水的项目，让 30 多万亩山地烤烟旱涝保收，而且，当地烟农还享受到了 2 万吨进口烤烟专用肥的优惠价格。于是，烟农的收入大大提高了，曾经贫困的地区也出现了不少万元户。与此同时，烟厂也被搞得红红火火，当地的基础建设也跟着一起发展，1989 年修建了 810 多公里的公路，架设了 17 座桥梁。

“三合一”体制让褚时健找到了一条提高经济效益的新路，也探索出了适合烟草业发展的途径。伴随着这条道路的逐渐畅通，作为先行者的褚时健也赢得了相应的荣誉。1988 年，他被评为云南省劳动模范，同年还被授予了“全国五一劳动奖章”和“全国优秀经营管理者”的称号。1988 年 5 月 1 日，褚时健带着满身的荣誉来到了天安门城楼，进入了他人生最辉煌的时刻。

当褚时健站在天安门城楼上的时候，心潮起伏不断，他从来没像今天这样充满了壮志豪情，虽然之前受了很多苦，但是他觉得值了。而且，他的梦想并没有就此停止，他还要继续走下去，一个一个实现它们。

这一年，褚时健已经年满 60 岁。然而在众多的获奖者中，他是第一个登上城楼的，当时有人问他打算再干几年，褚时健哈哈一笑说：“人生六十才开始嘛！”

1988 年，不仅是褚时健的人生辉煌年，也是中国国有企业生存和改革产生了巨大变化的一年。当年，国内的总需求和总供给之间的矛盾持续拉大，国民经济结构性矛盾进一步显现出来，导致整个中国的经济秩序处于紊乱的状态。相应地，国家的经济调控能力进一步减弱。种种弊端之下，凸显的是不合理的价格体系和价格管理体制。

改革势在必行。

1988 年 2 月，一个名叫王建的青年学者，提出了“两头在外、大进大出”的建议，很快，整个媒体都在竞相报道“大进大出”，随后各个省市马上实行了财政、外贸和外汇的“大包干”，在铁路、石油、石化、煤炭、冶金、有色等行业开展了投入产出总承包的全体行业的大包干。另外，一些经济学家还大声疾呼加快价格改革进程。

在人们还没有真正明白两头在外的真实含义时，媒体就掀起了价格改革闯关的呼声浪潮。到了5月份，中国人民银行第一次发行了50元和100元面值的人民币，结果在物价本来就上涨的情况下，造成了人民币贬值。为了不让辛辛苦苦赚到的钱贬值，不少人跑到银行取钱购物。

很快，中共中央政治局召开了第九次全体会议，商讨国内经济体制改革和经济形势的问题。大会上指出，价格和工资制度改革必须要经过深思熟虑才行，要让人民群众的生活水平得到提高。会后，相关部门推出了有关价格和工资改革的初步方案。

这些国内经济形势的重大变化，褚时健都看在眼里，不过最让他关心的是，7月28日国家放开了名烟零售价格，当天，红塔山每包售价从1.3元涨到了3.9元，第二天又涨到了5元钱。

看似平常的红塔山，为何在一夜之间价格就飙升了呢？这还是得归结到褚时健的"三合一"体制。现在，褚时健身兼玉溪烟草公司经理和玉溪烟草专卖局局长的双重身份，他麾下的卷烟厂飞速发展，所以敢于提价，和国际上的名烟"叫板"了。不过，当时的国有企业可并非都像玉溪卷烟厂这么能吸金，有30%是盈利的，有30%是亏损的，还有30%是暗亏的。虽然从1978年算起改革开放进行了10年，但是这10年来依旧处于摸索状态。

不过，褚时健却是改革开放中的幸运儿，在1989年国内的10个利税企业中，曾经不被人所知的玉溪卷烟厂居然坐上了第五把交椅，而曾经一度雄踞榜首的上海卷烟厂却掉到了第八。

然而1988年似乎是褚时健人生的一个驿站：这一年，按照国家的退休制度，他应该回家颐养天年了。当时，褚时健的女儿褚映群劝他不要留恋这个位置，该休息休息了。不过，褚时健却有些舍不得，这倒不是说他贪恋权力，而是他的人生就不可能接受清闲的日子。尽管如此，他还是向领导提出了退休的事。然而上级却真心挽留褚时健，因为曾经有人参观过玉溪卷烟厂，最后说了一句值得玩味的话：领导干部不能搞终身制，但是企业家不同。

毫无疑问，褚时健的精明强干得到了上级的认同，这样一个让云南引以为傲的利税大户的领导者，怎么能在身体还硬朗的时候就回家待着呢？

只可惜褚时健不会知道，他的这一次选择，将影响了他后半生的人生轨迹。不知道是命中注定，还是性格使然，褚时健充沛的精力让他继续留在了烟厂，而他的人生轴线，因为这一次决定跳向了另一个象限。

7

打造“红塔集团”

定“厂”神针——红塔山

在云南省玉溪市的东面有一座山，只有50多米高。山上有一座建造于元代的古塔，通体洁白，故起名为白塔，白塔脚下的山也理所当然地被称为白塔山。后来，清朝的道光帝命人将此塔重新修建，成为了当时著名的风景之一。

就是这么一个还不到百米的小山丘，原本是其貌不扬、默默无闻的，却因为日后玉溪卷烟厂的崛起名扬海外。有意思的是，褚时健将自己比喻成白塔山上的一棵小草。他的个人经历，也和白塔山捆绑在了一起，共同成长、发展。

玉溪人把原本的白塔粉刷成了红色，预示着玉溪红红火火，平平安安，也就有了“红塔山”这个名字。玉溪卷烟厂恰好座落在红塔山下，也就有了后来“红塔山”这个牌子的香烟了。在玉溪卷烟厂中，当时卖得最好的香烟就是“红塔山”，这也是玉溪卷烟厂后来为何改名为红塔集团的原因。

其实，在玉溪卷烟厂还是一个破旧、落后的小厂子时，就有了“红塔山”这个品牌。只是其当时的市场优势并没有那么明显。

1960 年前后，受自然灾害的影响，卷烟厂原料供应不足，产量迅速下降，人员精简。玉溪卷烟厂基本没有什么效益，“红塔山”的销售量也受到很大冲击。

那段时间，“红塔山”无人问津，因此有人建议取消“红塔山”这个品牌。原本，玉溪卷烟厂的领导们已通过了这个建议，但当时却久久没有实行，至于原因，谁也说不清楚，有一点是确定的，那就是“红塔山”已奄奄一息。

1969 年到 1973 年，这 4 年算得上玉溪卷烟厂的幸运年，由于国家“军管”体制的实施，玉溪卷烟厂的销售量逐渐回升。作为老品牌的“红塔山”终于“活”了过来，再一次映入人们的眼帘，回到了市场。

“红塔山”的销量飙升，所创造的价值最大的时期，即是 20 世纪 80 年代后期。在国家改革开放的政策、“引进来，走出去”的思想鼓励下，中国的沿海地区经济飞速发展。这样的发展本身是好的，可随着发展而来的“痛”，却对卷烟业造成了巨大的影响。

是时，广东沿海地区部分商人发现，外国香烟的利润十分丰厚，慢慢地，他们开始在本地区从事“贩烟活动”，出现了卷烟走私的现象，致使“崇洋媚外”的现象越来越严重，很多有钱人都开始抽“洋烟”。这就意味着，抽本国烟的人正在被分流。

于是，到了20世纪80年代后期，中国政府对于烟草行业的管理越发严格起来，有明确的条例规定，外国进口烟草的买卖必须经过国家的检查、批准。

国家对烟草行业的管理法规，直接导致进口烟草的成本变大，利润大减。为另寻出路，一些商家亲自拜访了全国各地的烟厂，想寻找一种和“洋烟”味道类似的香烟品种，可最终失望而归。

褚时健听说了这件事后，觉得这是一个千载难逢之机，他托朋友从外国给自己带回了一盒“洋烟”。原本不吸烟的褚时健，为了厂子算是豁出去了，他开始慢慢品尝“洋烟”，然后每天再分别品尝两种自己厂里生产的品牌香烟。

经过一段时间的体验，褚时健发现，所谓的“洋烟”其实和自己工厂生产的“红塔山”很像，味道相似，口感接近。褚时健灵机一动，决定推销“红塔山”。

在一次烟草交流会上，褚时健带着自己工厂生产的的自主品牌“红塔山”来参加会议，而到场的商家人人有份，每个都得到了一盒红塔山。

这些商家原本也没觉得红塔山有多神，可品尝之后，不禁连连叫好，因为“红塔山”无论是在烟草的选择，还是口味上，与“洋烟”几乎一模一样，如同双胞胎似的。尤其是包装上，那个带有中国民族气息的玉溪红塔，既彰显了民族特色，又不失高雅。商家们看见了希望，决定和褚时健洽谈合作，并渴望把中国的香烟送出国门，在外国市场占据一席之地。

在外国市场占据一席之地？在没得到商家的认可之前，褚时健是万万不曾想过的，他只是认为“红塔山”是玉溪卷烟厂的商机，充其量让“红塔山”遍布全国而已。

商家们的决定，对提高“红塔山”的销量来说，无疑是一次最好的契机，褚时健也算是开阔了视野。的确，走出国门，这不也正是紧随时代的口号——“引进来，走出去”吗？

褚时健看通了这一点，激动不已，他决定改变“红塔山”的销售方向，选择了经济发达的沿海城市，让“红塔山”这个品牌以这些“先富裕起来的地区”为销售中心，逐渐扩大至全国，甚至全世界，实现“先富带后富，共创玉溪卷烟厂的美好明天”的目标。

“机会是留给有准备的人的”，这话很熟烂，也很实在。褚时健抓住了机会，以“红塔山”为利器，在烟草市场竞争中大获全胜！

“红塔山”没有让褚时健失望，也没有让相信褚时健的厂商们失望，它很争气地在两年内就占据了沿海地区的大部分市场，迅速扩展到了华北、华南等地区。

如果说，云南是中国烟草业的重中之重，那么玉溪卷烟厂，即红塔集团，无疑是云南烟草创造利润最大化的工厂，也是创造价值最大的企业。

在玉溪卷烟厂所创造的1400亿人民币的价值中，家喻户晓的“红塔山”品牌所创造的价值就有400亿左右，“红塔山”在玉溪卷烟厂是实实在在的销售冠军，自然也就带动了玉溪经济的发展，加速了玉溪的城市化进程。

“红塔山”品牌，在玉溪卷烟厂的地位是不可动摇的，它所创造的经济价值更是举世瞩目。玉溪市的经济，65%以上依靠的都是烟草行业，而玉溪卷烟厂在玉溪市的烟草行业中业绩之所以可以遥遥领先，说是依靠“红塔山”这个品牌也并不为过。

“一方水土养育一方人”，玉溪卷烟厂养育了玉溪人民，“红塔山”养育了玉溪卷烟厂。

红塔集团诞生

每座城市，都有不尽相同的景色、不一样的文化；每座城市也都需要独一无二的特色企业，以拉动经济发展。

太原以钢铁为支柱，江苏以电子为导航，山东以石油为根基。一个城市的发展离不开众行业的支持，一个城市的财政收入，也不能没有民族企业的贡献。

一个企业要想长久占据市场，不被吞噬，就得让自己变得强大，不习得“如来神掌”，也要懂些长枪短棒，这是能活下来，并活得很好的根本。

褚时健清醒地认识到了这个问题。他认为，一个企业的成长和人作为一个独立的个体如出一辙。人不想饿死，就得吃饭，靠什么吃饭？靠自己的能力。玉溪卷烟厂也一样，必须靠自己的能力“吃饭”。

1989 年，褚时健决定进一步强化玉溪卷烟厂的技术，他告诉全体员工，技术改造不能停止，玉溪的发展不能止步，同时褚时健决定加强企业的管理制度。他认为，一个企业，不能没有制度规范，懒散、随意，是出不了好产品的。

褚时健找来其他几位管理者，与他们一起商量如何制定玉溪卷烟厂的法律法规。有人建议褚时健找当时著名法律学院的教师来帮忙制定，这样既有法律依据，也不会乱了国家章程。褚时健立刻派人去找，在法律教师的帮助下，制定了一套玉溪卷烟厂的专属规章制度，要求人人记下并遵守制度。

这位著名的法律教师，就是玉溪卷烟厂后来的法律顾问马军，他也是褚时健的御用律师。

由于出色的表现和卓越的业绩，褚时健得到了社会各界的认可。1990年，褚时健被授予全国优秀企业家终身荣誉“金球奖”；次年，玉溪卷烟厂跻身国家一级企业。而著名的企业品牌“红塔山”，也深受众多消费者的青睐，在同一年获得国家优质产品金奖。很快，红塔山成为市场上的紧俏商品，有一段时间甚至供不应求。

从1991年至1994年，在3年的时间内，玉溪卷烟厂共投资2亿多元人民币。这里，有着世界上较先进的卷烟设备，有着国际化的管理水平。1995年9月，玉溪卷烟厂正式改名为玉溪红塔烟草（集团）有限责任公司，后来成立了云南红塔集团。

玉溪卷烟厂从一个破旧的小厂子发展成为红塔集团，其发展历程，不仅见证了一个小烟草企业从衰落到昌盛的历史，也见证了中国民族企业的发展历史——如何改变旧体制，进行改革创新，如何自强不息，又是如何跻身于世界的。

改革后的玉溪卷烟厂——即红塔集团，让褚时健的人生多了一笔浓郁的色彩，是他将一个破败的小厂子打造成了中国，乃至亚洲第一的烟草企业，是他创造了红塔集团的奇迹。

20世纪90年代，云南省的财政收入，65%靠本地烟草行业，而玉溪卷烟厂创造的经济效益占据一半以上。毫不夸张地说，褚时健就是一个“财神”。只是，这个“财神”有些“寒碜”。

20世纪90年代初期，国家有规定，企业厂长可拿工人工资奖励的1—3倍。可褚时健和其他领导层，一直只拿工人工资奖励的平均数。

作为厂长的褚时健，在红塔18年，资产也不过百万，他挣的每一分钱都贡献给了这个企业。工人的待遇一年比一年好，他却从始至终只拿自己的固定工资。10年前，他的工资是每月92元，算上奖金，也不过110元左右。10年后，他依旧拿着固定工资，那时每个月是480多元，算上奖金，国家补助，也不到1000元，可他从来也不给自己涨工资。作为一名厂长，他为玉溪卷烟厂做出的贡献是巨大的，但他的工资却不是厂子里最高的。

细细想来，1400亿元人民币，别说是当时，就是现在，也是个让人咂舌的数字。只是，这样的数字与褚时健的工资相比，所形成的反差绝不是一星半点。褚时健，堪称是“最穷”的企业家。

凭借着红塔集团的优势，多少人依靠着这股力量成为了当地的百万富翁，多少烟农从一个种植的农民，自己挺身当起了老板。可以说，没有褚时健，就没有那些人的丰衣足食，玉溪也没有今天的名声。

“老褚，你开的不是卷烟厂，而是印钞厂。”1994年，参观红塔集团的一位来自北京的领导如是说。该领导的话绝不言过其实，褚时健做出的成绩早已落在了白纸黑字上。

20世纪80年代，玉溪卷烟厂依靠国家拨款，先后进行了4次技术改革，生产力得以大幅提升，卷烟产量也从每年的27.49万箱增长到46.45万箱，在短短5年时间内，平均递增11.06%，更实现了2.3亿的利税。

做出如此成绩，玉溪卷烟厂仍一路高歌猛进，引进了89台具有当时世界先进水平的卷烟设备。工欲善其事，必先利其器，有了好设备，卷烟厂的实际生产过程更为流畅，年产量也急速攀升，由53.7万箱增加到107.75万箱，成为我国当时第一个年产量突破百万箱的大型卷烟企业。

一组组数据，展示着玉溪卷烟厂的辉煌成绩，更彰显了褚时健这个领导者的非凡能力。是的，褚时健开的不是卷烟厂，就是“印钞厂”。这个“印钞厂”不单单养育着玉溪本土的百姓，也供给外面的世界很多商机，带给无数人创业、再就业的机会。

红塔集团从此成为了玉溪市的城市标志。

有人说，到了玉溪，不去参观一下红塔集团等于没去玉溪。的确，红塔集团远近闻名，在中国的烟草行业更是龙头老大。

然而，去参观红塔集团的真正目的，不是看先进的设备，也不是研究科学的管理制度，而是红塔集团背后的精神。

在褚时健的带领下，红塔集团本着“山高人为峰”的企业精神，本着“三合”（即合心、合力、合拍）的合作理念，掌握着玉溪的经济命脉。

这个“印钞厂”，是褚时健一点一点，亲手打造出来的，它的每一份收入都与这个敢作敢为、足智多谋的“小老头”有着千丝万缕的联系。

红塔集团是玉溪市的支柱，是玉溪市的导航，更是玉溪市的根基。红塔集团是云南省的“印钞厂”，褚时健则是“印钞厂”的缔造者。没有褚时健，哪有玉溪卷烟厂的重生？哪有红塔集团这座直到今天都屹立不倒的山峰？

企业的成长，需要各种优势因素的共同发酵，而一个好的领导者，优秀的管理者，便是这些因素的催化剂，不消说，褚时健就是玉溪卷烟厂的“催化剂”，他成功地让所有因素都发生了最优的化学反应。

红塔打入国际市场

“红塔山”，带给褚时健太多的惊喜，红塔集团成为了玉溪市规模最大、效益最好的企业。那时，褚时健有了一个新名字——烟王，这是玉溪市民对褚时健的敬称。

一个卷烟厂的厂长可以得到全市市民的认可，名声传遍方圆万里，实在让人难以置信。褚时健有“烟王”之称，足见其做出的贡献之大。

做出如此大的成绩，回归到产品本身来看，是因玉溪卷烟厂的拳头产品——红塔山，有着高出同类产品的价格。

当时，红塔集团的员工们深有感触，一位张姓员工称，红塔山卖得不好的时候，自己和同事们也都不屑一顾，尽管很便宜也基本不会买。自从被商家大批订购后，自己居然也想要跃跃欲试，特别后悔之前没买一包尝尝。后来开工资了，一个月30几元钱，狠下心花了3元多买了一包，分给朋友，大家都当宝贝似的，闻了半天也舍不得抽。要知道，当年其他牌子香烟才几分钱一包。

在其他香烟卖几分钱时，红塔山卖到3元多，这绝非是胡乱定价，而是其品质过硬。试问若不是引得烟民一哄而上，又哪会创造出400多亿的价值呢？

据红塔集团的数据显示，1988年，红塔集团实现税利11.9亿元，次年为20.3亿元，增长了8.4亿元。1995年，红塔集团预定的税利指标是50个亿，而最终真正实现的利税，居然超出预算的1/3，十分惊人！1988年到1995年利税基本逐年增长，从开始每年增长一两个亿，到后来每年增长八九个亿，如此大幅增长，与玉溪卷烟厂多年来的不断前行和所付出的努力密不可分。

由于“红塔山”品牌“特殊身份”所带来的效益，让褚时健看到了红塔集团未来更广阔的发展空间。于是他决定，发展每一个红塔集团名优品牌的烟草，实现名优品牌烟草在全国范围市场上的价格浮动。

缩小原有的规模，减少生产量，改变产品结构，依据地区消费水平制定合理的价格……这一系列组合拳，让他们的努力得到了切实的回报。名优烟“玉溪”、“红梅”等品牌香烟的利润，也都因此得到了大幅度增长。

玉溪卷烟厂最大的经济增长跨越是在90年代初期，自此开始，其从国内市场大步地跨入了国际市场。之前得到巨大反响的“红塔山”，为玉溪卷烟厂的国际化进程起到了决定性的冲锋作用，使得玉溪卷烟厂的香烟在国际市场上的竞争力逐步增强。

1992年，玉溪卷烟厂直接出口的卷烟达11万件，为国家创汇1100万美元。到了1993年，玉溪卷烟厂直接出口的卷烟达到了25万件，为国家创汇2500万美元，而在1994年，直接出口创汇更是攀升至4000万美元以上。

玉溪卷烟厂的效益扶摇直上，整个云南省的财政收入在20世纪90年代也是让人兴奋不已的。这一刻，玉溪卷烟厂不仅只是一个烟厂，它更如聚宝盆一般，聚拢着庞大的财富。由此，云南省曾一度在各省市的财政排名中名列前10位。

企业发展了，首先尝到甜头的是员工。20世纪90代时，其他企业员工的工资只有几百元，玉溪卷烟厂工人的工资却已达到3000元—5000元。员工受益，自会以报答之心回馈企业，这样的良性循环，多数企业领导者早已烂熟于心，耳朵都听出了茧子，可他们的“手”却未磨出茧子。

1993年11月15日，越南国家主席黎德英对玉溪卷烟厂进行访问。彼时，玉溪卷烟厂开始对外出口香烟，主要销售地区以东南亚为主，有缅甸、马来西亚、新加坡等，同时从香港辗转出口五六个国家。与各个区域国家间的合作，使得玉溪卷烟厂当年的直接创汇达1000多万美元。

既然有直接创汇，就必然存在间接创汇。玉溪卷烟厂的间接创汇，即是指在国内出售的旅游香烟——在旅游景区专门针对外国人进行出售的香烟。据数据上显示，在1993年，玉溪卷烟厂间接创汇达7000多万美元。也就是说，在整个1993年，玉溪卷烟厂直接创汇和间接创汇的总和为8000多万美元。

而这8000多万美元的外汇都是留在国内的，是中国人从外国人手里赚得的一大笔可观收入。这样看来，在中国的外汇方面，玉溪卷烟厂也是贡献了巨大的价值的。褚时健表示，根据国家财政的需要，必须努力到国际市场上去创汇。这不仅是玉溪卷烟厂的渴望，更是中国经济发展的需要，顺应了“引进来、走出去”方针。

褚时健让自己好，也要让别人好。从参军开始，到担任玉溪卷烟厂厂长，他从来没忘记自己做人的原则和做事的宗旨，这是他成功的“诀窍”。

从1987年到1995年，8年的时间，让红塔集团蜕变成为一杆“经济大旗”。到了20世纪90年代中期，更是稳稳当当地坐在了中国烟草第一把交椅的宝座上。

这几乎是属于玉溪卷烟厂的一个时代，更是属于褚时健的一个时代。

褚时健因玉溪卷烟厂一炮走红，也慢慢从一个“烟王”变成了玉溪市，甚至整个云南省的“经济大王”。

从举“烟旗”到举经济大旗，一路走来，褚时健如照顾自家孩子一样，规划着玉溪卷烟厂的未来。每走一步，都冒着摔下悬崖的危险，但他依旧坚持着。事实证明，褚时健是对的，长远的目光，过人的胆识、魄力，把他推上了人生的高峰。

建立生态卷烟厂

要称王，得建立都城，要统一天下，得扩充土地。褚时健也知道，要想玉溪卷烟厂越来越好，必须得扩大自己的疆土，扩大厂区的规模。

褚时健决定扩大玉溪卷烟厂的疆土，扩展其厂区的规模，是因为伴随着玉溪卷烟厂经济效益的提高，所面对的问题也接踵而至。

玉溪卷烟厂排污设备不合格，影响了居民的生活水质。废旧的设备，过度地浪费了资源。接二连三的问题逐渐成为了困扰玉溪卷烟厂的问题。

很多市民纷纷表示不满，阴霾天气在 20 世纪 90 年代成为了玉溪市需要解决的首要问题，而造成这个问题出现的原因正是带给大家最多经济效益的玉溪卷烟厂。市局领导给玉溪卷烟厂下了最后的通牒，要求玉溪卷烟厂必须在最短时间内解决这些问题，最晚期限三个月。

怎么办？褚时健犯难了。是啊，不能为了自己的利益，不能为了工厂的效益就损害市民的健康，影响城市的空气质量啊，这样的代价太大了，着实是划不来的。

褚时健的妻子马静芬在褚时健接手玉溪卷烟厂后不久，就被委任为玉溪卷烟厂的绿化科科长。看着玉溪卷烟厂带给玉溪市的雾霾天气，夫妻俩必须得齐心协力，为厂子的长久发展做考虑，更得为玉溪市民的健康着想。

作为全省最著名的企业之一，玉溪卷烟厂必须要加强本企业在环境保护工作方面的重视，也必须要贯彻国家有关法律法规和相关的环境管理要求，这不仅仅是对玉溪卷烟厂负责，也是对整个玉溪市负责。

想要处理好玉溪卷烟厂各个环节所面对的问题，就必须从源头上开始解决，控制其污染来源，保证相关联的环节不遭受破坏。

经过几番商讨，褚时健拍板定案，决定建立“新都”，搬迁新厂房，这是1995年。

褚时健选择了城乡的边缘地带，这里相对城市而言，租金更便宜，空气更清新，既不会影响居民的生活质量，又可以扩大厂区建设，何乐而不为呢？

经过上山下乡，走访考察，褚时健最后决定选址“关索坝”为新的厂区。那么“关索坝”是个什么地方呢？关索坝真正名字的由来是三国时期蜀国的诸葛亮南征的时候在此驻扎而获得的。这里处于云南省的高原地区，夏季盛行湿润的海洋季风，同时属于山原季风气候。常年温差小，降水充沛，地广人稀，是建立厂区的首选地址。

选好了“新都”地址，就得抓紧时间进行装修，规划。有了玉溪卷烟厂的教训，褚时健提出必须要安装净水排污系统。

作为烟草行业的玉溪卷烟厂，它的废水主要污染物就是悬浮物、溶解盐，相对于其他的有机污染物而言，属较典型的无机废水。褚时健派专人来看管掌握玉溪卷烟厂的废水水质的变化情况，并要求其工作人员每天进行记录，再由动力部供水组的化验员每周检查一次，根据数据进行分析，及时地对排污系统进行调整更改。

关索坝厂区的废水处理系统主要分四个阶段，首先，是前期的废水处理，采用的是回转式机械格栅，减少了人工查点的频率，废物处理的员工只需要定期将格栅机清出的杂物运到指定地点；其次，是设置了两个采用竖流的圆形沉淀池，废水从沉淀池中部进入，经过沉淀后，由一侧出水口流出，去除废水中的悬浮物质和漂浮物质；同时为了防止排水在池内沉淀及水质腐化，池中设计了预曝气器两台，以改善水质，保证处理过程均匀稳定地工作；最后，通过曝气，提供附着在填料上生物膜栖息的微生物氧化废水中的有机物，以达到净化废水的目的。

尽管这样，也不能从根本上解决污水处理问题，依然有部分污水会流出，这种流出来的污水，日积月累，必然要对周围环境造成污染。可是，这是一个新的厂区，在这个新的厂区内，玉溪市的环境污染问题不应该再重演，于是褚时健大笔一挥，花了几千万元的巨资，派人在关索坝厂区的生产区内修建了中水站，对关索坝厂区所有的生产废水和生活污水进行集中的处理，也就从源头上控制了污水对河流的污染。

为了减少工厂噪声对周围环境的影响，为了提高土地的利用率，为了提高新厂区的工作效益，为了分担玉溪卷烟厂的污染危机，褚时健派专人设计了不同类型的接受污染物质的器械，对不同物质的污染物处理进行分门别类的方案设计，并花高价从外国引进了新的排污设备，三管齐下。

“给我一个支点，我就能撬动地球。”阿基米德依据杠杆原理，说明当具备一定条件的时候，人可以做成许多看似不可能的事情。褚时健也如此，他能变废为宝，把原本残破不堪的小厂房，打造成了城市的财富中心，并逐渐地向外延伸着。

然而褚时健始终没有忘记的是，他的工厂是国家的，他是属于人民的，所以当厂子出现问题，危及到人民的时候，褚时健毅然决然地对这场危机进行了拯救和弥补。

为尽快解决玉溪市的空气污染问题，在关索坝厂区建设完工后，玉溪卷烟厂基本上在半年内没有进行大批量的烟草生产，所有可能带来污染的生产，都被转移到了关索坝这个已经安装好净化系统的厂区。

但是玉溪卷烟厂作为云南省的老字号烟草品牌，作为褚时健事业的起源地，作为关索坝厂区的“总司令”，还得继续工作。在这半年内，玉溪卷烟厂一边进行着少量香烟的生产和包装，一边不断地进行着和关索坝一样的净化系统安装，排污系统安置。

花高价，安装污水净化系统，不为别的，就为了多年后，玉溪卷烟厂有骄傲的资本。它不仅仅只会挣钱，不仅仅只能带动经济效益，还带头保护着我们城市的环境，坚持着可持续发展的道路。这或许也正是褚时健当时内心的真实想法。

虽然在1995年的时候，党中央领导还没有完全落实“可持续发展”科学观，但似乎褚时健早已预知，这并不是他神机妙算、神通广大，而是他的丰富经验和他作为玉溪卷烟厂厂长的特殊身份决定的。

关索坝是玉溪卷烟厂的第一个异地厂区，虽然也隶属于云南省，但相对玉溪卷烟厂，即红塔集团而言，关索坝——是自已的第一个子公司，有着浓浓的情意，也寄托着深深的期待。后来在1999年2月，红塔集团与长春卷烟厂联合重组，首创了中国烟草业跨省重组的先河。

对玉溪卷烟厂来说，关索坝厂区的建立，是一次大规模的改变，也是一次质的飞跃。它不单单是从源头上解决了玉溪卷烟厂所面对的城市污染问题，同时也加强了玉溪卷烟厂在市民心中的的信誉度。“为人民着想，从人民的利益出发”是党的口号，也是玉溪卷烟厂的宗旨。“任何时候，不做损害人民利益的事情。”可见，褚时健不仅仅是一个只为工人着想的好厂长，更是一个为市民着想的好公民，应了他自己的那句“自己好过，也要让别人好过”的做事原则。

人生巅峰

每一个人的努力，都会在不同的领域上取得相应的成绩，获得相应的奖项。这是社会各界对每一个辛勤劳动的人付出的认可，也是社会各界对每一个成功人士的能力给予的肯定。

日本作家佐藤富雄曾经说过一句话：“你嘴上所说的人生，就是你的人生。”褚时健牢牢地记住了这句话，他从小就相信，只要自己足够努力，一定会完成一个完美的跳跃。

褚时健的信心和他的努力，最终没有辜负自己。

1990年的春天，春雨淅沥沥地下着，杨柳微微地吐出了绿丝，春风轻轻地吹动了静静的河水。田野中，返青的麦子，一望无际。

在首都的人民大会堂中，正在举行第三届全国优秀企业家的颁奖仪式，参加会议的有中共中央的领导，有社会各行各业的企业家，有新华社等各大新闻媒体，场面甚是隆重。

大家怀着期待的心情，坐在大会堂中，有人在窃窃私语地谈论着谁将是今晚的赢家；有人在低头微笑，示意好友；也有人在默默地祈祷着，希望自己可以收揽奖杯。

“下面我宣布，第三届全国优秀企业家终身荣誉奖‘金球奖’的得主是，云南省玉溪市红塔集团董事长褚时健先生。”主持人的话音刚刚落下，会场里顿时掌声如雷，从掌声中，我们听到的是最真心的祝福。

走上领奖台的褚时健微笑着，静静地接受着大家的掌声，一会儿，掌声渐渐停了下来，所有目光都集中在了那个站在聚光灯下的身影——褚时健。

这体现了党对褚时健的信任和培养，体现了社会各界领导对褚时健的支持，以及大家对他的肯定，他很荣幸地得到了“金球奖”奖杯。

但是人们也知道，这个奖杯的真正得主，不仅仅只是褚时健一个人，更具体的来说，它属于褚时健隶属的整个红塔集团每一个工作人员。褚时健在拿到奖杯的一刻，衷心地感谢红塔集团每一位员工，是他们给予了自己能量，让自己今天有幸站在这里，拥有这份殊荣。

的确，一个人的成功并不算真正的成功。仅仅只靠一个人，也不可能就那么随随便便地成功。他的身后一定有一个支持自己的强大团体，就像当初褚时健一定要组建一个玉溪卷烟厂的领导团队一样，没有大家的共同努力，再神通广大的褚时健也完不成孙悟空的筋斗云。

这份殊荣，是一个人一辈子的光环，它也证明了褚时健在玉溪卷烟厂这十多年的努力和付出。

每个人都想像褚时健一样，得到一份肯定，拥有一份殊荣。然而褚时健的成就，是凭借自己的辛苦、勤劳换来的，他解决了云南的大部分财政收入问题，包揽了玉溪市，甚至是周边其他地区人民的生活开销。他承受的压力是一般人难以想象的。

可以说褚时健是幸运的，他也的确是幸运的。他化压力为动力，他的付出得到了认可，他也得到了一致的好评。所以，有时候选择也是很重要的。

“自己得到这份殊荣，除了感谢党，感谢国家，感谢红塔集团的全体员工外，还要感谢自己的妻子——马静芬。”褚时健是这样回忆自己领奖时的心情的。

是啊，没有马静芬当初的执着，褚时健就不会选择玉溪这个残破不堪的小卷烟厂。倘若褚时健没有选择玉溪卷烟厂或许就不会有后来的红塔集团，没有今天站在人民大会堂中手捧奖杯的自己。

有时候别人的一个善意提醒，也就改变了自己的人生轨迹。

其实，“金球奖”也是美国的一个电影与电视奖项，它始创于 1943 年，是由好莱坞的外国记者协会主办的，以正式晚宴的方式举行的，一年一次。在美国的影坛上，它颁奖的方式是极为特别的，由 96 位记者的投票产生，不受任何一个影视公司操控，完全是独立的、自主的、公平的。在当时美国的影视圈中，金球奖就是二级奥斯卡。换句话说，冬天来了春天还会远吗？得到了金球奖也就距离奥斯卡不远了。

褚时健就是中国企业家中实实在在的“奥斯卡影帝”。更值得大家尊崇的是，褚时健对金钱看得十分淡然，因为多苦多累的日子他都挺过来了，现在厂子的经济效益搞上去了，自己就算不能和国际上那些名流企业的老总相比，在国内也算是有头有脸的“烟草大王”。

相信在那个时候，褚时健对金钱的态度还是很理性的。

在物欲横流的当今社会，总有人用“看淡一点”“放下一些”这样的话语来教诲别人。但是，这八个字，说起来容易，真正做到的没有几个。

然而，褚时健却做到了，褚时健认为名誉与家庭、烟厂，与自己和红塔集团全体员工的感情相比，是最不实在的，也真的算不了什么。他不争不抢，拿着比普通工人还要少的可怜工资，却也有幸获得了这份荣誉，有时候想想，吃亏也许也是福气，这份荣誉既然给予了自己，自己也是理应享受的。

褚时健惬意地享受着自己的这份殊荣，看着手里的奖杯，他知道自己得到了肯定。然而他也清楚，长胜将军最大的优势就是，胜利却从来不骄傲。

每个人的成就，如果追根溯源的话，或许它的起始点并没有成就本身那么高大。它也许是小时候的一个满分考卷，也许是长大后自己独立完成的一个项目，也许是工作后领导的一个赞许。这些都属于一个人取得的成就，都可以称之为成功。可是我们也必须要记住，这份成功是如何的来之不易，它是起早贪黑，努力学习，拼搏而得到的，所以绝不能沾沾自喜，骄傲自满。一个人，只有随时保持一颗平常的奋斗心，成功才会一次又一次地光顾自己。

放下奖杯，褚时健继续每天辛苦地工作，并没有因为自己获得的是终身荣誉奖而认为这辈子够了、停滞不前，相反这一奖项更给了他奋斗的士气，如一支强心针，注入了褚时健全身的血液。

褚时健说：“每一次看见奖杯的时候，我都觉得自己要加倍努力才行，不然对不起国家给予我的信任，万一哪天奖项被收回了呢?”这无非是褚老自我的激励，国家既然给予了褚老这份殊荣，想必也一定是全方位、多角度地考验过褚时健，而他，也真真切切地经受住了这份考验。

1994 年，褚时健被评为全国“十大改革风云人物”，比起终身荣誉奖“金球奖”而言，这份荣誉基本是带着褚老走到了他人生的巅峰。

“十大改革风云人物”，大多数是和褚老一样的企业家，在改革开放后的 20 年内，他们带领着自己领导的企业，带领着自己管理的区域，纵身一跃，奋力一举，冲出了一片天，无论是在经济领域还是在城市建设规划上，都做出了举世瞩目的贡献。

这不仅仅是一个称谓，更是一份荣誉。他们的引领，加速了改革的步伐。这份光环必然跟随着他们一辈子，在他们的头顶闪闪发光。

8

一代“烟王”的没落

投机倒把的年代

在褚时健内外一片风光的同时，荣誉的另一面，忽然被蒙上了一层阴影。

1983 年，云南省的一些地方媒体，第一次点评批评了褚时健，让他经历了在鲜花和掌声之外的另一种感受。当时，对褚时健展开批评的是《云南日报》和《春城晚报》，此外还有一个重量级的媒体——云南电视台，他们给褚时健的罪名是——参与投机倒把。

褚时健到底干了什么呢？据说，他给他表弟批了 40 件香烟，结果在销售的时候被当场抓获，最后定性为投机倒把。

如果放在今天，这种所谓的投机倒把已经不算是一种罪名了，可在当时来看，足够引起媒体的关注。所谓的投机倒把，其实是计划经济体制下的特有产物。通常，是一些手中握有某方面大权的人，通过计划或者走后门的方式弄到了一些平价甚至是低价的走俏产品，拿到市场上出售，通过赚取差额来盈利的一种手段。比如在20世纪80年代后期90年代中前期的彩电、冰箱等大件，都因为货源稀少而成为投机倒把的“重灾区”。

20世纪80年代的中国，虽然已经进入到改革开放时代，但是在经济体制上不可能一夜之间扭转过来，所以也在进行着一些摸索和试探，尤其是在商品短缺和价格双轨等因素的影响下，“倒爷”这个职业迅速走红，小到针头线脑，大到冰箱彩电，无一不包，无一不沾。

虽然倒爷吃香，但是在计划经济时代，这个职业可是不被国家允许的，如果涉及的物资比较重要、金额又比较重大的话，这个罪名即使判处死刑也是可能的。

据说在1984年，温州开了建国以来首个民间钱庄，没想到刚把牌子挂上去，就被当地的银行以违反国家规定摘掉了牌子。从那之后，民间借贷行为转入到地下，仅在温州一带就有30多万人卷入到民间借贷活动中，这些借贷中介被称为“抬会”。然而由于无法可依，很快就有8万多个家庭负债累累，倾家荡产，总计涉及金额达到了12亿元。由于缺乏管理和行业规矩不透明，民间借贷很快引发出各种高利贷事件。

在建国初期，中国的产品通常都有两个价格，一个是计划内的统配价，一个是计划外的公开价格，而企业本身也可以超计划自销产品，并按照市场价进行出售，这就是所谓的价格双轨制度。由于市场价比统配价至少高出一倍，所以一大批倒爷才有了市场。在1983年的时候，北京和深圳出现了第一批倒爷，他们要么有着政策资源，要么有着对外开放的有利条件，所以他们通过层层转手的方式倒卖了不少紧俏品。

著名的商界大佬王石和柳传志，都曾经倒卖过货品。

1983年，深圳来了一个33岁的年轻人，他也渴望着像其他人那样，在这个改革开放的前沿阵地闯出一番名堂来。他的名字叫王石。然而现实总是残酷的，王石在深圳转悠了一些日子，并没有发现什么赚钱的买卖，心情有些小失落。忽然有一天，王石在蛇口看到好几个大型的玉米储藏仓，他很纳闷像深圳这样一个大都市要这么大的粮仓干什么，就问别人是怎么回事。

别人告诉王石，这个玉米储藏仓是给香港准备的，因为香港本土出产不了玉米，所以玉米是紧俏货，只能通过进口来满足。王石听了之后顿时眼前一亮：这简直就是一个绝好的发财机会啊！

很快，王石跟一个名叫正大康地的公司签了合同，赚了40万元，淘到了他人生中的第一桶金。紧接着，王石拿着这笔钱创办了深圳现代科教仪器展销中心，成为了日后鼎鼎大名的万科的前身。王石的成功案例，其实就是一个连接东北谷物公司和香港的"中介生意"，依靠的是发现商机和制造商机的能力，成为了那个时代成功倒爷的典型案例。

无独有偶，20世纪80年代北京的中关村，繁荣的景象之下免不了有些人想借此发一笔，其中有一个名叫柳传志的人，当时已经步入不惑之年。那时，柳传志创办了中科院计算机技术发展公司，也就是联想集团的前身。刚开始办企业的时候，由于资金紧张，柳传志又找不到什么业务，为了养活公司里的十几个人，他只好干起了摆摊卖电子表和旱冰鞋的小买卖，后来为了多赚点钱，柳传志又倒卖过运动裤和电冰箱。

当时，最紧俏的货莫过于电冰箱和彩电了。柳传志也在极力联络着大家电方面的资源，希望能赚笔大钱。后来，他听说一个江西人手中有彩电，只要买过来一台，转手就能赚上千元，于是他赶紧给江西人汇款，不想那人是个骗子，让柳传志白白损失了14万元。柳传志的上当，也是20世纪80年代流通领域司空见惯的例子。

1986年，根据统计，中国有36万多家公司，其中有25万家属于流通领域。别看这些皮包公司规模不大，但是获利却不小，其中有不少人赚了一笔钱。难怪当时人们盛传一句话：“十亿人民九亿倒，还有一亿在寻找。”

由于倒爷越来越多，倒卖活动越来越频繁，所以国家着手整顿这种现象。1981年，为了禁止乡镇社队企业和国有企业争夺宝贵的资源和原料，国务院连着发布了打击投机倒把的文件。也正是在这一年，温州柳市镇的8个个体户因为投机倒把被通缉，这就是当时著名的“八大王事件”。截止到1981年，共计有3万多人因为投机倒把而被判刑。

2008年，国家宣布取消《投机倒把行政处罚暂行条例》，这个中国独特的罪名从此消失。然而，在这个罪名未被取消的那个时代，有人因此发家致富，有人因此倾家荡产，而褚时健就是被卷入其中的一个典型例子。

不徇私情

褚时健犯下的投机倒把罪，也跟他的香烟走俏有着必然的联系。

由于褚时健掌管着批烟大权，所以很多人都希望他大手一挥，拿到廉价的香烟，然后再送到市场上出售，这样赚取差价很快就能发上一笔。所以，找褚时健的人越来越多，不过，他们都是乘兴而来，败兴而归，因为褚时健都严词拒绝了他们："你们自己要抽烟，可以给你两条，但是想从我这里批烟，以后就不要来了！"

褚时健的反应是理智的，如果对这些人心慈手软开了先例，那么以后就会有更多的人来找他，他也别想过上一天安生的日子。可虽然他放出了狠话，但是市场上还是出现了倒卖红塔山的事情，不少人会靠近那些看起来比较有钱的人，问他们要不要红塔山，这些人的能量通常很大，开口就说自己能搞来一万件。当然，有些倒爷本身是骗子，但更多的人手里的确有货，发了大财。

在这些倒卖烟的人群中，有一个叫林政志的人。可就是这么一个小小的倒爷，怎么就成了一个能影响到褚时健个人前途，甚至是命运的人呢？这其中有着必然也有着偶然。因为即使没有林政志，也会有其他人钻进这个空子里，毕竟这其中的金钱诱惑实在是太大了。

在20世纪90年代，林政志是一个水泥厂的瓦工，也是一个贪图安逸却又不想艰苦奋斗的人。所以他一直认为，自己这辈子就待在这个水泥厂，实在埋没了自己这个人才。在每年一次的上级领导到地方视察工作的时候，他总想尽一切办法，只要有机会，就要和市局领导混个"脸熟"。

十多年过去，他依旧是个瓦工，当初和自己一起进厂子的同龄人，不是当了分厂厂长，就是当了科室科长，唯有他一个人，没有改变。后来，在林政志结识了三门峡市一个烟草分公司的工人之后，他找到了赚钱的新路子——倒卖烟。倒卖什么烟？红塔山！

当时的红塔山在烟草市场十分走俏，一条烟的出厂价格是55块钱，而到了市场上却变成了100多块钱，中间的差价都被各个环节中的转手人赚到了荷包里。一箱烟是4件，一件烟是50条，这绝对是一种牟取暴利的买卖。

不过，倒烟必须要有渠道，作为普通瓦工的林政志，是怎么攀上褚时健这棵大树的呢？一次偶然的机会，在总厂的新年联欢会上，他认识了马静芬的妹妹——马静芳。听说马静芳是大名鼎鼎的玉溪卷烟厂厂长褚时健的小姨子。他激动得不得了，天赐的机会，怎么可能放过，自己苦苦等了这么多年，终于算是熬到头了。

马静芳是马静芬家最小的妹妹，在20世纪五六十年代，家中有五六个孩子，甚至是十几个孩子，都是很正常的，年纪相差个二三十岁，也很平常。马静芬与马静芳是家中唯有的两个女孩子，所以父母给她们起名字“芬芳”，意思是希望两个女儿如花朵一样美丽，一样芳香。

那一年马静芳23岁，遗传了父母的良好基因，有一张和姐姐一样漂亮的脸蛋。追求马静芳的人，那也是排着长队，摆着龙尾的，有高干子弟，也有家境殷实的少爷，不过马静芳偏偏都不放在眼里。马静芳认为这些都是靠不住的，什么时候自己有钱了，才是真的属于自己的。马静芳一心想通过自己的努力获取一份成功。

说来也巧，有些事情或许是冥冥中注定了的。林政志，这个水泥厂小瓦工的出现，却打开了马静芳的发财之路。林政志对马静芳大献殷勤，马静芳有什么事情，他总是第一个赶过去帮忙。天真的马静芳以为林政志对自己有好感，也就欣然接受了，沉浸在爱情中的马静芳，把自己的弟弟马建华也介绍给了林政志认识，可是她哪里知道，在这个纯情的时代，还有林政志这样用心险恶的人存在。

经过一段时间的接触，林政志觉得时机成熟了，就多次和马静芳诉说自己工作上的不顺心，并提出要去马静芳姐夫褚时健的卷烟厂上班，并希望自己可以当个七品芝麻官。

于是，马静芳找到姐夫褚时健，褚时健断然拒绝了，他表示厂子又不是他开的，怎么可能说安排就安排，更何况领导也不是谁都能当上的。

看着姐夫一点面子没给自己，劈头盖脸地给自己一顿训，马静芳心里十分不是滋味，她觉得不就是一个烟厂吗？安排一个人还能这么费劲？于是，马静芳就去姐姐马静芬那里诉苦。不料，换回的结果却是一样的。

计划以失败告终，林政志怎么会甘心呢？自己鞍前马后地帮助马静芳，什么事情都第一个出头，不就是为了有个好的前程吗？但是他并没有表现出来，还劝说马静芳不要责怪马静芬和褚时健，他们或许真有难处，这反倒让马静芳觉得有点对不住林政志。

善良的马静芳，知道林政志不想一辈子在水泥厂打工，就决定拿出自己的私房钱，让林政志去做生意。一心想出人头地的林政志，当然欣然地接受马静芳的馈赠了。他知道自己要想快速地发财，在玉溪市，就得靠褚时健的烟厂。

林政志和马建华商量决定开售烟店，并由马静芳和马建华去和姐姐求情，希望褚时健可以便宜供货给他们。

一次、两次、三次……看着自己的妹妹一次次地苦求自己，毕竟姐妹情深，马静芬心动了。回到家和丈夫褚时健说明了自己的想法。

终于，褚时健忍不住发火了，这是他和马静芬结婚几十年来第一次大动肝火。褚时健对马静芬说，不要再和他提这件事情，烟厂不是他开的，不可能随随便便便宜别人，另外，褚时健也表示，这个林政志心术原本就不正，这么做是在投机取巧，要是真的提拔了他，对那些埋头苦干的工人也不公平。听了褚时健的话，看他发火了，马静芬再也没有提过让褚时健帮林政志的事情。

马静芳得知姐夫的反应后，觉得姐夫仗着自己有权有势，连亲情都不顾了。林政志当然也是不死心，他说，既然褚时健不肯帮忙，也可以找他的属下，毕竟马静芳好歹也是褚时健的亲戚，别人不会不给面子的。林政志的算盘打得不错，但是他不知道，褚时健在刚刚到玉溪卷烟厂工作的时候，就给厂子里定了硬性规定：“决不允许任何人，以私有的名义私自或者低价向个人或团体出售香烟，一旦发现，必须离开玉溪卷烟厂。”所以林政志和马静芳还是空手而归。

将近一年多的时间里，林政志也没能通过马静芳得到“上位”的机会，可是林政志又怎么会死心呢？不管后来发生了什么，这个开始，原本是被褚时健扼杀了的。

其实，甭管当初来求自己的是马静芳还是别人，褚时健都是一样的态度，这是他的做人原则。况且，褚时健从一个农村苦孩子到当上玉溪卷烟厂的厂长，一路经历的辛酸，是大家有目共睹的。褚时健就是一步一步，靠着自己顽强的毅力和吃苦耐劳的精神才走到今天的。所以他不会给想要不劳而获的人任何机会，因为他觉得，人，如果靠某种手段，就随随便便地成功，着实是不现实的，就算取得了成功，也是暂时的。

褚时健做人做事的原则，是任何人都改变不了的。包括与自己同床共枕，走过风风雨雨的妻子马静芬，这是他做人做事的底线，一旦有人想打破自己的原则，褚时健是万万不会同意的。

人，选择什么样的生活方式，打算走哪一条人生之路，是由自己决定的，绝对没有任何理由叫别人承担，更别想着倚靠一棵大树，你就能一辈子乘荫。

别人的成功是别人的事情，只有自己努力换来的成果，才是专属你一个人的。像林政志总想着不劳而获，最终依旧一无所有，何必呢？何必拿着有限的生命一遍遍做着重复的事情呢？一辈子也就那么长，几十年一晃也就过去了，为何不多留点时间做其他没做过的事情呢？

比尔·盖茨说："我的梦想是实现生命价值的平等。"生命本身的价值就是平等的，只不过是实现生命价值的抉择上，人与人就慢慢地拉开了距离。

踏踏实实地做事，认认真真地做人，属于你的终究是跑不掉的。坚持自己的原则，别为了一时的利益，冲昏了头脑。

飞来横祸

没有一帆风顺的邮轮，也没有一路顺风的行程。人，总要经历风风雨雨，才终得人生的精彩。邓小平三起三落，终于成为第二代领导集体核心人物；拿破仑战绩赫赫，却也逃脱不了功勋章背面的失误。有过成功，必然也遭受过失败，这是历史的必然规律。人，没有一下子就成功的，也没有一辈子傲然于世的。

1994 年，褚时健突破了传统形式的束缚，把玉溪卷烟厂这个不起眼的小厂子，发展成了全国瞩目的闻名企业，自己也因此得到了各种嘉奖。

这一年，被评为全国十大改革风云人物的褚时健，还一直沉浸在喜悦中。却不料，欢乐仅仅延续了一年。1995 年初，褚迎来了自己人生的低谷时期，一场风波在玉溪市掀起，来自河南省三门峡市的一封匿名举报信邮寄到了中央纪检委的办公室，信中举报玉溪卷烟厂有人利用职务之便，与水泥厂瓦工林政志相互勾结，通过林政志与褚时健的小姨子马静芳与小舅子马健华的关系，送给其亲属大量的钱财物品，同时指出后期褚时健的妻子马静芬与女儿褚映群受贿物资高达百万之多。

这封匿名信长达千字，每一句话都点明了主题，每一事情的记录都清晰有据。收到这封信的时候，中纪委并没有马上开始对褚时健调查，他们考虑到了褚时健对玉溪市的贡献，对国家的影响力，就算信中所述都是事实，也必须要经过严格的审查，有了充分的证据才可以，而一旦轻举妄动，必然会带来很多不必要的麻烦。另外，倘若事实与信中所述不符合，既玷污了风云人物褚时健的形象，也会令百姓对国家失去信任。可是，收到了举报信，就必须得去核实，去检查，这是中纪委的义务和责任。

中纪委，全称是中国共产党中央纪律检查委员会，是中国共产党的中央纪律检查机关，具有维护党纪、推进党风廉政建设和反腐败等职能。1993 年 2 月，它正式成为中共中央直属机构。

接到命令后，中央及地区政府决定是时候对褚时健开始调查了。可是中纪委并没有直接展开对褚时健的调查，毕竟这样一个“风云人物”查处起来还是有一定的困难的。依照匿名举报信的内容，中纪委首先对褚时健的妻子和女儿以及他身边的亲戚朋友展开了调查。

与这场受贿案必然脱离不了干系的，就是那个一心想一夜暴富的林政志。

1995 年 3 月 24 日，中纪委派人正式进驻了洛阳，对林政志展开了彻底的调查。还在宽敞明亮的办公室享受着的林政志，被身着正装的几位来自中纪委的工作人员从单位带走了，从没见过如此“大场面”的林政志，面对中纪委一次次的调查和询问害怕了，为了使自己可以得到宽大处理，林政志把所有向褚时健的亲属行贿的过程彻彻底底地交代了一遍。

原来，林政志在被褚时健拒绝后，一直不甘心，他利用自己表演伪装的天分，一遍遍地哭求着马静芳。颇具同情心的马静芳觉得林政志实在挺可怜的，就去姐姐马静芬那里上演苦肉计，毕竟姐妹情深，马静芬心软了，就对褚时健说：“他们的手续合法，也是烟草公司，烟草批给谁都一样，为什么就不能批给他们呢？”耐不住妻子的软磨硬泡，褚时健默认了，答应低于市场价为林政志提供烟草批发。这下子林政志可就甩开膀子大干了起来。

为什么马静芬会有这样的能量呢？这也是林政志仔细窥察出来的“成果”。为此，他曾经说过一句话：“褚时健管厂子，马静芬管褚时健。”

这话还真是有几分道理。

在马静芬跟着褚时健来到玉溪烟厂之后，她就负责厂区的绿化工作，并担任绿化科科长。原来，马静芬一直喜欢花花草草，所以才被安排到这个清闲也没什么油水的位置上，这样就不会遭人猜忌和议论。后来有一次，上级领导来到玉溪烟厂之后，发现这里的环境比较差，于是就点名批评了褚时健，这让他感到很难受。就在这关键时刻，马静芬站出来，表示要通过自己的努力让烟厂有个全新的面貌，于是她将对自然的热爱和对园林艺术的研究合二为一，在烟厂设计出不少美丽的景致，真的兑现了自己的承诺。大概是从这个事上，褚时健越发意识到妻子对他的意义不仅是操持家庭，同样也是事业上的帮手。自然，马静芬在褚时健心中的位置也越来越高。所以，当林政志将主攻方向从褚时健转移到马静芬身上后，一切就柳暗花明了。

有了强大的后援军，没什么文化的林政志自然就认为自己有了靠山。中国有句俗语：“靠山山会倒，靠人人会跑。”

360 公司董事长周鸿祎在新员工入职培训上讲话的时候说：“我在互联网行业里干了十多年，看到了很多 Loser。他们都是太聪明，把自己混失败了。”林政志就是 20 世纪 90 年代赤裸裸地把自己“混失败”了的代表。

通过马静芳，林政志认识了三门峡市分厂里的一个小领导。根据林政志交代，自己从 1991 年到 1993 年，共五次从玉溪卷烟厂低价进入烟草 8167 件，总盈利 800 多万元。这期间曾多次送给玉溪卷烟厂厂长褚时健的亲属大量礼品和现金，作为酬谢。给褚时健的妻子马静芬、妻妹马静芳、妻弟马建华送去的财物就达 90 余万元。

几十年来，褚时健一直本着行得端、做得正的观念引导着自己一步步向前发展，却也难逃一个“情”字，因为妻子，为了家人，似乎这一次褚时健必然难逃一劫了。

或许这一切代价对于亲情来说都是值得的，可是法律无情，褚时健的亲人的的确确触犯了法律，必然要接受惩罚，这是褚时健无法替代，也不能为其承担的。不论你是怎样的一个人，拥有着怎样的社会地位，做错了事情，都得为自己承担相应的后果。触犯了法律，也必然得接受惩罚，法律面前人人平等。

按照林政志的证词，司法部门很快找到了马静芳、马静芬、马建华及褚时健的女儿褚映群。1995 年 3 月，马静芬、马静芳、马建华、褚映群被分别收审，关押在了河南。

还在烟厂工作的褚时健，听到妻子、女儿和自己的亲属被捕的消息，一句话没说，深深地叹了一口气。这一声长叹包含了太多的情感，有惋惜，有心痛……

妻女被捕后，褚时健一度出现在关索坝厂区的工地上进行监工，规划着玉溪卷烟厂的发展方向和销烟路径，表现得依然十分敬业。很多人甚至怀疑，褚时健是不是一个冷血动物，妻女被捕，亲属一一落难，他还一门心思扑在自己的事业上；也有人说，褚时健是在用工作强制自己，不去心疼，不去难受。

的确，褚时健若真的是一个冷血动物，或许今天他下班回到家后，等待自己的依旧是热腾腾的饭菜和满房间的欢声笑语。而如今，除了四面墙之外，只有冰冷的床板，这就是自己付诸感情换回的结果。

褚时健本来话就很少，在妻女被捕期间，似乎除了工作上的问题，更是寡言少语了。有时候，情感太过于丰富了，也是一件很可悲的事情。褚时健对自己的妻子、女儿，算不上是溺爱，却也是十足的宠爱，最终导致她们走向犯罪的深渊。

明枪易躲，暗箭难防，这封匿名信对褚时健来说，无疑就是横飞过来的一支暗箭，想躲，实在不容易。没办法，暗箭刺伤了自己的亲人，自己除了忍受，做不了任何的反抗。毕竟，这一切都是属实的，怪只怪自己当初的偏爱。

东窗事发

生命如梅，有酸有甜。生命的本质就是迎来送往，接纳已经拥有的，惜别已经远走的。世间道路有万千种，每人只能选择一条。选择的太多，想要的太多，往往也就摔得最惨。

林政志为了自己的发财梦，选择了多条路，实现了自己的“梦想”，同时也把自己陷入了深渊中，再也没有机会享受这发财梦带给自己的优质生活了。这不仅仅害了自己，也害苦了褚时健的家人。

褚时健的亲人纷纷入狱了，只有他自己一个人继续在铁窗外生活。孤单的自己回到家中面对冰冷的墙体，对于一个上了年纪的老人而言是很残酷的，鬓白的头发在妻子女儿离开这个家后，似乎慢慢地覆盖了褚时健的头皮，没有人能体会自己潇洒一生，换回的却是铜墙铁壁与孤独。

可是，褚时健没有办法，他只能接受。忍受，需要的是一种大气；承受，需要的是一种坚强。面对这一切，褚时健选择了沉默。

人生活在空气中，毕竟不是在真空里，七情六欲是人的本性，为了某个人某种原因，满足一次自己的私欲，也不为过。只是这个限度是要在法律允许的范围内，褚时健很清楚，自己的妻子马静芬与女儿褚映群已经完全跨越了规章制度，所以无论自己再做怎样的挣扎都是徒劳的，唯有静静地等待，等待着检察机关的判决，等候着他们回家与自己团聚。

可是，事情并没有想象中的那么简单，有因必有果。举报信上，赤裸裸地指明玉溪卷烟厂厂长褚时健贪污受贿，那么根据国家的法律法规和中纪委的职责，必须一查到底。中纪委沿着褚时健亲人受贿的这条线索，继续展开了大范围的调查。褚时健的司机被检察官带走了，关了足足一个星期。

同时，司法检察的工作人员对与褚时健案件有关的涉案人员的住所进行搜查，搜出了大量的物款，总共收缴人民币500多万元，美元4万多，港币近百万，价值一百多万的金表、首饰等。8处房产，价值在400多万左右，物款的总价值高达1000多万元，而这些物款基本都属于褚时健夫妻的，其中的2尊金佛和带“佛”字的金戒指等正是原水泥厂瓦工林政志所赠送的。

褚时健的妻子马静芬面对家中被搜出来的大量物证，不得不承认了，她说自己的钱，都是到玉溪卷烟厂来低价批烟的商人们送的，有的人靠烟草发家了，就常来家里“做客”，有的人是刚开始想要做这一行，就来家里“拜访”。

马静芬说的不假，当时玉溪市流传着这样一段话：“想发财，就找褚时健，靠近褚时健的亲属，就距离发财不远了。”

众人拾柴火焰高，众人拥捧“意外”多。因为太多人，指望着自己，似乎褚时健就是云南省的财神，拥有这样一个高贵的身份，或许在众多拥护中，褚时健也就慢慢地忘记了自己的初衷，成为了这“意外”中的大成员。

从调查的线索中，检查人员还意外地发现了玉溪卷烟厂在厂外和境外设有10多亿元人民币和2500多万美元的账外资金。相对于之前的调查，这个“意外的发现”震惊了办案人员，他们无论如何也没有想到，玉溪卷烟厂还有如此庞大的资金库。

这个“意外”的发现，把褚时健带到了冰火两重天的境界，一边是妻子儿女的牢狱之灾，一边是自己的贪污受贿，这个家就快垮了。此时，褚时健陷入了深深的自责中。然而，时间不能回转，他能做的就是继续接受调查，积极配合办案人员。

调查期间，办案人员却发现，这笔巨款并没有存放在玉溪卷烟厂，在玉溪卷烟厂的账目上，也没有这笔款的记录。原来这笔钱是1991年至1995年玉溪卷烟厂销售“浮价烟”时，褚时健等人私设的“小金库”，分别存放在香港、珠海的下属公司以及广东的几家烟草公司。没有褚时健的批准，没有褚时健的签字盖章，任何人都无法支取。这笔钱在玉溪卷烟厂除了褚时健以外，只有总会计师罗以军等少数人知道。

有人说“钱是万能的，没有钱是万万不能的”。然而一个著名的企业家，一个对云南省有着重大贡献的烟厂厂长，一个顶级的劳动模范代表，因为这所谓的“万万不能”就这样一不小心走进了犯罪的深渊。

根据罗以军交代，在1995年上半年的时候，褚时健对自己和副厂长乔发科说：“大家兄弟辛苦一场，现在有点外汇分给你们。”原来褚时健打算从华玉公司拿出一部分美元差价款，并与自己、副厂长乔发科和华玉公司总经理盛大勇、副总经理刘瑞麟五个人分摊。

罗以军还说，当时褚时健告诉他，自己不缺钱，让罗以军把分给他的那部分钱打到他的儿子褚一斌的境外账户上。1995年的7月中旬，按照褚时健的要求，罗以军把钱打到了褚时健的儿子褚一斌的账户上。他认为褚时健不论是对儿子还是女儿，从一个父亲的角度来说，他是非常合格的，尽管褚时健受贿很多财物，但基本上自己没花到什么，他穿的总是那么朴素，吃的也总是那么简单，这一点令罗以军十分敬佩。

父爱如山，高大巍峨，却也沉着坚定。不只是褚时健这样，世上做了父亲的男人，都会如此。只是，这一次的父爱，沾上了违法乱纪的痕迹。

举报属实，褚时健的确违反了党纪，部分行为和涉及的问题甚至已经构成了犯罪。消息一传出，很多人，愿意为褚时健作证，证明褚时健虽然贪污受贿了，但没有危害到民众的利益。这就是褚时健十多年来留给人们的记忆。人们不愿意相信褚时健真的犯错了，也或许在大家的心中，褚时健即便真的错了，也是值得原谅的。

因为，云南省是因为玉溪市才能在20世纪八九十年代位居各省财政收入排行前列，而玉溪市的经济价值的创造依靠玉溪卷烟厂，褚时健是引导玉溪卷烟厂走向繁荣的领导者。可以说，云南省发展至今，离不开褚时健的贡献。

可是天网恢恢疏而不漏，有些错误可以用声“对不起”来化解，一笑而过；有些错误，必须要承担后果，接受应有的惩罚。不严肃，不足以立法；不严格，不足以施法。面对法律规章，即使是功臣褚时健，也插翅难逃。更何况一封举报信里调查出的千百万资产，早就让褚时健陷入了水深火热之中。

1997年2月8日褚时健被监视居住，此时，褚时健的内心，是百感交集，也是万分沮丧的。可是，事已至此，唯有静心。他知道自己接下来要面对的是什么，没有人可以逃脱法律的制裁，自己也一样。

锒铛入狱

每个人都追求完美的人生，都渴望自己一辈子没有污点，但是当某一瞬间你脑袋发热，做错了事情，总得付出代价，该来的总是会来的，功过相抵那是在旧社会。新的社会里，一切都是以遵守法律为前提的。

一直以来，关于褚时健的犯罪动机和犯罪事实，总是存在着多种版本，有肆意夸大的，有轻描淡写的，也有不怀好意的……到目前为止，相对客观的一种说法就是，褚时健是对自己所受的待遇存在着不满，后来将小金库中的钱给几个兄弟分了。

或许，正是出于这样的“犯罪动机”，我们更能接受这是人们了解的那个褚时健的所为吧。

经过相关单位长达4年的调查，以及考虑到褚时健对云南省的贡献。最后，在1999年1月9日，云南省高级人民法院下达了长达数千字的判决书（摘录）：

> 本院审查认为：被告人褚时健因涉嫌其他犯罪被采取强制措施期间，在司法机关尚未完全掌握被告人褚时健、罗以军、乔发科共同贪污3551061美元的事实前，交待了这一犯罪事实，应按自首论；在侦查期间，检举他人重大犯罪线索，经查证属实，有重大立功表现。被告人罗以军在侦查期间检举他人侵占公共财产线索，但检举的事实未按刑事追究，立功不能成立；关于重大立功表现，指被告人罗以军检举被告人褚时健贪污1156万美元的重大犯罪事实，因对被告人褚时健的这一指控本院不予确认，故被告人罗以军重大立功表现亦不能成立，但该行为使检察机关及时追回流失在境外的巨额国有资产，可在量刑时作为酌定从轻情节。被告人乔发科在同案人已经向检察机关供述了共同犯罪事实后，侦

查人员向其询问时作如实供述，不属主动投案，自首不能成立，可作为认罪态度较好的情节，酌定从轻。

关于辩护人提出的被告人褚时健以及乔发科曾对玉溪卷烟厂做出重大贡献，应从轻处罚的辩护意见，本院认为，被告人褚时健以及乔发科在担任玉溪卷烟厂领导期间，为“玉烟”发展做出了贡献，对此，党和政府给予了政治上、物质上的荣誉和待遇，但无论功劳多大，都不因此而享有超越法律的特权。

在法律面前人人平等，任何公民犯罪都应依法受到刑事追究。我国刑法第六十一条规定，对于犯罪分子决定刑罚的时候，应当根据犯罪的事实、犯罪的性质、情节和对于社会的危害程度，依照本法的有关规定判处。被告人褚时健以及乔发科利用职务之便侵吞公款，数额特别巨大，属情节特别严重，这是被告人承担刑事责任的基础，确定刑罚必须与所犯的罪行相适应。至于被告人的历史表现反映出的主观方面的情节，可在量刑时酌情考虑……”

综上所述，法院最终判决如下：

一、被告人褚时健犯贪污罪，判处无期徒刑，剥夺政治权利终身，并处没收财产人民币20万元；犯巨额财产来源不明罪，判处有期徒刑五年；数罪并罚，决定执行无期徒刑，剥夺政治权利终身，并处没收财产人民币20万元。

二、被告人褚时健巨额财产中明显超过合法收入的差额部分，价值人民币403万元，港币62万元的财产依法没收。

三、被告人罗以军犯贪污罪，判处有期徒刑十四年，并处没收财产人民币13万元。

四、被告人乔发科犯贪污罪，判处有期徒刑五年，并处没收财产人民币5万元。

如不服本判决，可在接到判决书的第二日起十日内，通过本院或者直接向中华人民共和国最高人民法院提出上诉。

一纸判书，褚时健入狱了，一代“烟王”在这里落幕了。很多人为褚时健打抱不平，认为褚时健为云南省做出了巨大的贡献，不应该受到如此重罚，况且，他并没有从实际意义上损害人民的利益。可是法律就是无情的，不论你是谁，不论你做出多大的贡献，只要触犯了法律，都逃不过制裁。

在判决书宣读停止的时候，褚时健的脸上没有任何表情，他淡然地接受了法律的制裁，坦然地面对法院的判决。褚时健清楚，自己做错了事情，就应该承担相应的后果。

后来，褚时健的律师马军在征求褚时健是否选择向中华人民共和国最高人民法院提出上诉的时候，褚时健拒绝了，他选择沉默地接受。没有抱怨自己功大于过，也没有埋怨法律无情。

在褚时健接受审判的时候，外界对这个来自云南的烟王给予了无限的关注，各大媒体都竞相报道，坊间茶肆议论纷纷，毕竟褚时健的名声太大了，他的光环也太闪耀了，一下子从“神位”上跌下来，让很多人感到难以接受。当然更重要的是，当时人们对国有企业的负责人究竟应当享有怎样的待遇是非常关心的。因此，媒体将褚时健一案视作“历史的审判”。

事实上，褚时健的案子并非是拖了4年，而是在这4年中经受了很多考验，尤其是在对他如何量刑的问题上，存在着很大的争议，法院为此强调了一句话——“判决一定要经得住历史的考验”。言外之意：不能冤枉了褚时健，也不能对他太过宽容，让后人揪住一个“话柄”。

人们总希望获得客观，人们也不断向往着客观，然而事实一次又一次地证明，想要站在置身事外的立场上去看待一个问题、一个人，的确是难上加难。特别是像褚时健这样一个身份背景都十分复杂的人，如何给予他最公正的判决，成为了人们所期待的一个结果。

据说，法院公布的那份8000多字的判决书，前后反复修改了多达10次，也正因为此，它被法律界人士称为“现代法律文书的典范”。

不过，如果按照当时中国对贪污犯罪的量刑案例来看，褚时健涉及的金额足以让他判好几次死刑。最近的一个例子就是，在褚时健被宣判两个月之后，江西省最高人民法院对胡长清案进行了终审裁定：死刑。

那么，身为江西省前副省长的胡长清，到底贪污了多少钱款呢？544.25万元人民币，另外还有无法查明的161.77万元人民币。如果将这两笔钱加在一起的话，只是相当于褚时健一次贪污金额174万美元中的50%左右。

当然，拿褚时健和胡长清相比，似乎也存在着诸多不可比性。毕竟，褚时健是一个对玉溪、对云南乃至国家有着重要贡献的人，没有他的努力，就不可能有玉溪卷烟厂的腾飞，也就不会有他日后“贪污”的一分一厘钱，因为他是一个企业的掌门人，是他带领着大家奔向了一条小康之路。相比之下，胡长清就不同了，他是政府机关的要员，没有他出任副省长，也会有别的人来代替，绝非是少了一个胡长清，江西省的经济就发展不上去了。

还有一点需要注意的是，褚时健和那种老百姓恨之入骨的贪官是不同的，人们感恩于他，至少云南烟草业的产供销链条上的很多人都会感谢他，这其中有每日辛劳工作的烟农，有兢兢业业的烟草售货员，还有在烟田里做考察实验的技术员……受益者实在太多了。

另外还有一点不同的是，司法机关对胡长清的评定是：认错态度不积极，思想不明确。相比之下，褚时健做得确实要比胡长清机智许多，他无论是在法庭上，还是在听到判决书之后，褚时健都表现得淡定自若，似乎这一切与他自己没什么关系，无非是换了一个睡觉的地方。然而，内心的痛苦，只有褚时健自己最清楚。他选择接受，是他决定为自己失误的行为买单，也是在法律面前不得不承担责任。

态度决定一切，一个人的心态才是他自己真正的主人。

或许，正是因为褚时健的功劳所在，让这个案子带有了那么一种特别。不过无论怎样，褚时健都是触犯了国家的法律，这是他不得不正视的现实，也是那些尊敬他的人、感念他的人要接受的事实。

有些人犯了错，还有机会改正，有些人，可能错了，这辈子也就结束了。褚时健与胡长清似乎就是最好的两个例子。褚时健正是由于自己积极的认错态度，勇于承担的勇气，才换来后来的东山再起。

狱中心迹

一颗巨星，陨落了；一代烟王，谢幕了。

1999 年 71 岁的褚时健走进了监狱的大门。高达千万的受贿物资，把褚时健送到了铁窗里。从闻名的玉溪市财神爷，沦落到铁窗内的阶下囚。这是褚时健人生的一大转折。

走进监狱大门的时候，褚时健的心情很矛盾，内心的挣扎与苦楚，让他一度陷入悲凉中，褚时健待在自己的房间里，经常一言不发。偶尔来几个好友看他，也是沉默寡言。尤其夜晚来临的时候，褚时健总会不经意地想起自己的过去，回首来时的路，上天和自己开了一个多么大的玩笑啊！

褚时健没有办法控制自己不去想，他是人，不是圣人，更不是神。一个人就算再强大，也需要一束阳光来温暖自己。

或许褚时健不必走上这条路，他的妻子女儿受贿，是他宠爱过度。他私分几百万资产，却是因为长时间认为自己的劳动所得与分配不均。

有研究表明，人在失衡的状态下，极易产生心理的不平衡，导致这种状况产生的原因有很多，或许是嫉妒，或许是挫折，或许是孤独。

在 1995 年，褚时健的妻子、女儿都被检察机关带走了，有什么比亲人的分离更令人难过呢？褚时健是一个男人，同时他也是一个丈夫，一位父亲。家里的两个女人理应是受自己保护的，可如今，她们在受苦……

家中只有褚时健一个人，他的亲人都在冰冷的高墙内。一切都变得和往常不一样了，褚时健很可能回想起了他被错划成“右派分子”的那段岁月，只是这一次入狱的是他的妻子和女儿，然而只身一人的却还是他自己。顿时，一种内心的孤独感在褚时健的心中油然而生。

“明月不谙离恨苦，斜光到晓穿朱户”，晏殊的这两句诗正是褚时健当时内心的真实写照。

就在同一年，褚时健接到上面的调令，新的总裁要来接任自己，自己将要交出手中的大权。

褚时健沉默了，拿着手中的公章，内心如波涛一样翻滚着，终于褚时健做了决定，私分钱款。在坚持了那么多年之后，终于在亲人被抓捕后，做了“反抗”，在错的时间做了错的事情，殊不知也把自己带进了深渊。

很多人为褚时健打抱不平，认为对于一个古稀之年的七旬老人而言，无期徒刑，实在太残忍了，难道让一个为云南省做出重大贡献的人，后半生在狱中孤独终老吗？

面对纷纭众说，在看报纸的褚时健很欣慰，自己贪污受贿，还有这么多人为自己惋惜，为自己争取宽大处理。突然他觉得自己似乎还不是一无所有，毕竟，这些善良的人们愿意去接纳自己，原谅自己。

在狱中沉默了半个多月的褚时健，在看到了关于自己的种种报道和评价后，似乎心情也开始有了好转，他暗暗决定，自己不应该碌碌无为，在狱中孤独终老，外面的世界还很精彩。

在狱中褚时健回想起了自己当年参军入伍的场景，那时候的自己什么都不懂，只是因为勤劳而得到领导们的认可，这一场景给了褚时健很大的启发。他觉得，自己还活着，也不算太糟糕，倘若当初自己真的被判了死刑，或许早就离开人世了，哪里还能在这里这般矫情呢？

想明白了这一点，褚时健便坦然接受了狱中的生活。“不管未来如何，自己一定要努力争取改造，希望能够减刑。”尽管已经71岁的褚时健，彷徨过，失落过，痛苦过，但是他仍然选择了不放弃。

对于71岁的褚时健来说，有机会重获自由，变成了一种奢望。唯一得到的安慰是，71岁高龄对褚时健来说，似乎能使自己在监狱中的生活不至于太糟糕。

虽然监狱的生活乏味无聊，褚时健和许多服刑人员一样，每天按时作息，积极接受劳动改造。但是考虑到褚时健年纪比较大，也曾为国家出了不少力，创造了很大的价值，所以监狱一般给予褚时健的工作也相对比较宽松。

习惯于忙忙碌碌的褚时健，难得在监狱中清闲下来，在这里，他用更多的时间来思考。褚时健回忆着自己一步一步走过的路，真正地认识到了自己的错误。不过，现在对于褚时健来说，心，依然还在滴血，他唯一的希望就是玉溪卷烟厂的新领导，可以载着自己的希望，把玉溪卷烟厂越办越好。

褚时健当年的辉煌，是玉溪卷烟厂给予的，玉溪卷烟厂之所以发展成为云南省的领军企业，是在褚时健的带领下完成的。

有种情感，胜似亲情。有份真爱，是褚时健给予玉溪卷烟厂的。

褚时健入狱了，一个无期徒刑的宣判，让他不得不放开与自己携手走过18年的玉溪卷烟厂，即红塔集团。事情发展至今，妻子扮演了“元凶”，褚时健扮演了“罪魁祸首”。或许，这是这对风雨伉俪的某种宿命吧。

9 狱中生活

丧女之痛

如果问人生中有没有梦魇的话，对于褚时健来说当然有，但这个梦魇并非是他自己入狱，而是他唯一的女儿在狱中自杀。

1996 年是褚时健人生中最艰难的时刻，在他于 1995 年被人举报之后，他的老伴马静芬和女儿褚映群都已经关在了洛阳监狱。就是这一年，褚映群在狱中自杀。

关于褚映群的资料很少，但是有一点可以肯定，那就是褚时健对这唯一的女儿视若掌上明珠。当年褚时健在农场进行改造的时候，6 岁的褚映群最大的乐事就是跟着爸爸到附近的新平县城里去玩。对于年幼的她来说，县城里有高楼和汽车，还有 2 毛钱一杯的糖水，这些都是在农场里见不到、喝不到的。褚映群对那甘甜的糖水，一直记忆犹新。

后来，褚映群长大了，就被褚时健送到了新平县城里读书。在这个女儿朝思暮想的城市中，陪伴她成长的不仅是高楼汽车糖水，还有生活的艰辛。那时候，褚映群每个星期都要走路走很远，才能到达县城，而且全都是山路，很难走，有时候还会有危险。一次周末，褚映群本应该离开家去学校了，可是她却没有走，褚时健问女儿为什么还赖在家里，女儿却半天都不肯说话，最后马静芬告诉褚时健：学校让女儿交买字典的钱，褚映群不敢对爸爸张口要。

当褚映群工作之后，由于褚时健需要做的事情太多，父女之间的交流变得少了很多，也非常宝贵。看着父亲每天为各种事情操劳，褚映群也多次对褚时健提意见：早点退休，回家享享清福多好。

那时候，事业正如日中天的褚时健，怎么会想到要甩手不干呢？褚时健一门心思想要扩大红塔集团，想要将这个品牌的名声推得更加响亮。所以，对女儿的建议，褚时健只是微笑地点点头，继续干他的事业。

或许，如果褚时健当时听了女儿的话，之后的一切事情就都不会发生了。只可惜，人生没有或许，历史不能假设。

褚时健得到女儿的死讯，是在她们被捕的6个月之后，当时云南红塔集团和玉溪红塔烟草有限责任公司刚刚成立，褚时健继续出任董事长。当时，告诉他这个噩耗的省委书记，自己说着说着就哭了起来。更让褚时健难以接受的是，他再也没有机会见女儿最后一眼，因为女儿的尸体已经火化，等待褚时健的是一抔骨灰……

褚时健一生中，真正意义的痛哭恐怕只有一次，那就是在得知女儿自杀之后。这个从哀牢山走出来的黑脸汉子，多少苦难和挫折都能挺住，但是对亲人的离去，他实在是难以面对。很快，褚时健给他的律师马军打去了电话，让他去办公室。结果马军刚一推门进去，褚时健就拉着他的双手痛哭起来："姑娘死了，死在河南，自杀了!"

马军记得很清楚，褚时健在抽泣声中说的第二句话是："是我害的我姑娘。"此时此刻，一代烟王多么希望时光能够倒流啊，如果能够倒流，他会认真考虑女儿的建议，早早地退休颐养天年，那么这一家子就不会像今天这样妻离子散了。

1995 年的春节，是褚时健人生中最凄凉最悲惨的春节。家里没有别人，只有他自己，到处都是冷冷清清的，到处都是一派死寂的景象。也许是女儿的离去，让褚时健根本顾不上考虑自己的出路，他所有的注意力都被悲痛夺走了。这种晚景凄凉的孤独，恐怕不是谁都能想象到的。

女儿离去之后，褚时健甚至不愿意在家里待着，有时候会一个人蜷缩在办公室里，盖着一条毯子，眼睛直勾勾地盯着电视屏幕，那里的节目虽然很热闹，但是其中的快乐跟他没有丝毫的关系了。对于一个七十多岁的老人而言，这种人生的磨难是无法承受的。事业失败了可以东山再起，但是亲人故去了，就成为了永诀。

也许在孤苦伶仃之际，褚时健也意识到了不能功成身退所带来的教训和劫难，可是这一切都已经为时太晚了。女儿的死，注定是他无法改变的事实，即便他有多么深的懊悔，也只能慢慢接受这个残酷的现实。

人们都说，时间是一剂医治心灵最好的良药，无论是多么大的伤痛，经过岁月指针的切割，最终都会变成碎片让记忆不再那么清晰。然而伤痛本身是无法量化的，小伤痛或许会随着时间的推移而被淡化，但是沉重的伤痛却总是挥之不去。对于褚时健来说，女儿的死就是一块永远难以愈合的伤疤。即使是在 2013 年，褚时健已经是 86 岁的老人时，当人们问起那段往事的时候，他依旧会发出一声沉重的叹息，眼睛里也会不由自主地涌出泪水。

屈指一算，褚时健和女儿在人世上的缘分，竟只有短短的 39 年，白发人送黑发人的悲伤，不是谁都可以真正体会到的。

褚映群留在这个世上的，除了亲人的无尽思念，还有一个女儿，名叫任书逸，现在已经为人妻，并在 2010 年 9 月成为了一名母亲。任书逸的丈夫名叫李亚鑫。现在，他们和褚时健老两口生活在一起。据称，任书逸会继承褚时健的事业。面对媒体采访时，任书逸说："我也喜欢水果这个行业，以后就跟着外公干，继承外公的事业。"任书逸现在和外婆马静芬负责销售褚橙，而褚时健则还是负责技术。

有外孙女陪伴在身边，对于褚时健来说，可能是不忍面对女儿离开人世的一种告慰吧。都说子女是父母生命的延续，那么任书逸的存在，或许就是褚映群短暂 39 年人生的继续。

斯人已去，物是人非，尽管丧女之殇是褚时健终生都难以释怀的悲痛，但是生者既存，生活还将继续，他会将那段惨痛的人生经历深埋于心，在成为橙王的这段崭新的岁月中，慢慢化作淡淡的思念吧。或许，每逢夜深人静之时，这个打不败的"桑提亚哥"式的人物，也会悄悄自饮几滴清泪，牵挂那在天国的血亲。

渴望自由

每个人的生活场景，都不在计划之中。昨天你也许还在卧室里计划着今天的出游，今天可能又被老板拉回到了办公室里。最让人难以承受的是，昨天你还是自由之身，今天却身陷囹圄。当然，这并非是最残酷的，因为如果你还年轻，或许你的人生还有重头再来的可能，但是当你以年逾古稀的身体进入被铁丝电网包围的大牢里时，你还会勇敢地笑对人生吗？

从烟王到囚徒，这个落差实在太大，然而这个过程的转变却用了很短的时间。1999 年，71 岁高龄的褚时健，结束了他的自由生活，进入到人生中另一所大学——监狱。

狱中生活对高墙之外的人来说，一直是神秘的，却是谁都不想体验的。在此之前，褚时健对监狱没有任何细致的了解，监狱对他来说似乎非常遥远，可就是在这世纪之交，他要和自己那个冷清却自由的家说再见了。

狱中生活是单调乏味的，这和褚时健往昔呼风唤雨的忙碌日子截然不同。然而生活的轨迹毕竟发生了改变，他不得不学会习惯这种生活。虽然从外表来看，这个七十多岁的老人和那些大龄的囚犯没什么区别，但是在内心深处，一直翻涌着的创业激情却并未消散，只是在人生磨难的撞击下暂停了。

有的人了解褚时健的身份，对于这样一个“大人物”入狱也感到十分惊奇。或许还有些人会试着和褚时健交流，但是却无法揣摩到他内心的真实想法。在监狱里，每个人被关进来的原因自然不尽相同：有因盗窃入狱的，有因暴力袭击入狱的，也有因经济问题入狱的……不过他们中的绝大多数都有一个共同的特点，那就是失去了自我控制的能力。

可是，也有极少部分人并非出于这样的原因，他们更多地因为一些不可控制的外力因素而失足落马。褚时健大概就是其中的一个。也正因为如此，他和很多狱友有着本质的不同：虽然身在高墙之内，心却依然翱翔在自由的天空。

的确，褚时健能够走到今天，是因为他始终心怀对未来的梦想和对人生的不屈探索。在这段人生中最黑暗、艰难的日子里，褚时健的身体被禁锢住了，但是思想依然活跃着，或者准确地说，由于他不必再去操劳，他思考的时间比以往更多了。这些在高墙之内诞生的想法，给褚时健日后的生活点亮了一盏明灯。

人生、事业、家庭……褚时健思考了很多问题，有的带给他的是血淋淋的教训，有的带给他的是精神财富，不过他最关注的也是思考最多的是：他余下的光阴该怎样度过呢？难道真的就在监狱里了却残生？

当四周安静下来之后，褚时健对那模糊且昏黄的未来，不由得从心底冒出一丝恐惧：倘若他的人生就这样无声无息，甚至是耻辱地结束了，那该有多大的讽刺意义！每一个认识他的人可能都会觉得，这个晚节不保的老者，终于倒在了自己犯下的错误前。

褚时健不会接受这样一个结果，虽然他已经七十一岁，虽然他剩下的时间不那么充足了，但是对梦想、对自由的渴望和追寻，不应该如此悲观。如果他就此向命运屈服，那么之前“一代烟王”的英名，岂不是一个美丽的笑话吗？

褚时健下定了决心，不管未来怎样，他都必须要努力争取改造，尽可能地让自己减刑，早日出狱。

这是一个年届七十一岁，被判了无期徒刑的老人执着的信念。

无论身处何种境地，都必须要拼死一搏，这是褚时健的人生箴言。不过在他入狱之前，他对这种精神的感悟似乎远不如入狱之后这么强烈。或许，只有在人生处于最低潮的状态时，才能深刻地体会到精神力量的强大作用。

监狱生活，真的给了褚时健浴火重生的机遇。

和褚时健年龄相仿的老囚犯，恐怕不会有他这种为一线光明而付出十分努力的气魄，他们唯一期盼的可能是在狱中平安无事，度过人生最后的阶段。但是在褚时健身上，是看不到这种对未来的绝望的，因为他坚信只要凭借自己的努力，即便梦想不会真的实现，也至少会离它更近一点。

在坚定了这个信念之后，褚时健不再怀念已经逝去的过往岁月，而是坦然地接受了现状。他也在反思致使自己入狱的原因，并希望能通过自己的实际行动，洗刷这些人生的污点。

这一切努力，都是为了他日夜憧憬的未来。

褚时健拿出了年轻人都不曾有的激情和动力，他积极地递交汇报材料，认真地打扫卫生，除去那一身囚服，人们看到的似乎是一个人身自由的辛勤老者，而会忘掉他的服刑身份。褚时健这一系列的虔诚之举，不仅让他的监狱生活更有规律和盼头，最终连狱警也被他的精神所感动。

一天、两天，一个月、两个月……褚时健在狱中的良好表现，渐渐被上面了解了。于是，在他服刑了一段日子之后，他的无期徒刑终于被减刑到了 17 年。

如果是一个年轻人，从无期徒刑到 17 年，这绝对是一个值得欢呼雀跃的喜事。然而对七十多岁的褚时健来说，这个消息似乎并没有让他多么高兴。在他看来，无期和17年，似乎没有什么本质的区别。退一万步说，即使褚时健真的有长寿基因，等到他出狱的那一天，恐怕也要年近九旬了。

一个年近九旬的垂老之人，还能干什么？也许连话都说不清楚，也许连走路都需要别人搀扶。这样的年纪，不需要家人特别照顾就已经属于“活泼健康”了，还能指望以这个年龄和这样的身体做点别的事吗？即使身体允许，恐怕家里人也不会答应，社会更无法接受。

褚时健不敢再想下去了，就算他是一个终生都燃烧着熊熊斗志的人，也不能接受自己人生中最重要甚至可能是最后的17年，白白耗费在监狱里。他不能活得如此狼狈，他没有资本去和时间赛跑了，他还要继续努力，还要继续减刑！

走出监狱

虽然褚时健在不断地努力表现，也让人们看到了他的诚心悔过。不过，褚时健似乎忘记了自己已经是七十多岁的老人，如此高强度的工作状态，那孱弱、老化的身体怎么可能承受得了。终于有一天，褚时健晕倒在牢房里。当医生过来检查的时候，才发现他已经患上了严重的糖尿病。

自此开始，褚时健不仅要和绝望做斗争，还要和病魔一争高下。可惜身体毕竟不如从前，雄心壮志也因心有余而力不足遭遇挫败。

褚时健的病情渐渐加重了，最严重的时候，他连步行都非常困难，甚至只能依靠着扶墙才能艰难地挪动脚步，每走几步都要停下来，伴随的是一阵剧烈的喘息。每到此时，褚时健的心中都不免涌出几分悲凉：人的意志无论多么坚强，在病痛面前还是显得那么软弱无能。

在病痛中苦苦支撑的褚时健，真的不确信自己能否活着走出监狱。他所谋划的一切未来，也在渺茫的希望中变得飘忽不定。日子一天一天地过去，他的身体不见好转，到底何时能恢复自由之身，成了这个老人在高墙中唯一期盼的事。

2001 年的寒冬降临了，褚时健还在监狱中服刑。屈指一算，距离他入狱已经有两年多的时间了。在这两年多的日子里，他每天都在期盼中苦苦等待着，也在竭力让自己的身体得以好转。

就在这个冬天，褚时健的弟弟褚时佐来到监狱探望哥哥。时光荏苒，岁月无情。昔日在一起玩耍的兄弟俩，此时都已经两鬓斑白。由于褚时佐生活得并不富裕，所以也没有什么像样的礼物可以带给哥哥，他只拿来了一袋子自己家种植的橙子。

也许是很久没有吃到新鲜的水果了，也许是这橙子里寄托着弟弟对哥哥的牵挂，更或许是因为思念故乡的原因，褚时健当时就尝了一个橙子，入口之后感觉很好。于是，褚时健一边细细咂摸着橙子的味道，一边赞不绝口：“这橙子味道不错啊。”

褚时佐见哥哥很喜欢吃，也就打开了话匣子，告诉褚时健这些橙子都是老家种的，现在很多乡亲们都种这个，多少能增加一些收入，让手头宽绰一些。

褚时健听到这儿，若有所思地说：“种橙子，关键得靠质量取胜。”褚时佐也许没有意识到哥哥说这句话的意思，而是朴实地劝哥哥再吃一个尝尝鲜。褚时健只好拒绝着说：“不行啦，这是冰糖橙，我本身糖尿病就很厉害，吃多了更受不了。”

或许褚时佐从哥哥的话中听出了几分心酸，所以他马上安慰哥哥说："大哥，等你出狱了，我们老家还有很多橙子，身体好些之后，可以多吃点。"

弟弟的一席话，的确是好意，也是为了让心情有些郁闷的褚时健放宽心。然而有关"自由"这个话题，毕竟是褚时健心中的隐痛，所以他的表情顿时变得严肃和沉重起来，他对弟弟说，自己恐怕是等不到那一天了。

褚时佐见哥哥情绪低落，就只好换了个话题，兄弟俩谈到了家乡农民收入的问题，结果这个话题倒引起了褚时佐的感慨。他说，现在大家都很怀念种植烟草的那个时代，因为当时烟叶的收购价格很高，一块不大的烟叶地就能够供一个大学生念完书，可是现在却不同了，农民已经不种烟了，断了一条财路。

褚时健听到这儿，心情又是压抑了不少，他就问弟弟乡亲们现在主要依靠什么过生活。褚时佐说，现在不少乡亲们开始转行种植冰糖橙，虽然产量比较可观，质量也不差，但是在市场上却卖不上好价钱，结果只能赚点小钱花花。

一向喜欢思考的褚时健，被弟弟的一番话震动了，他没有想到在自己入狱之后，家乡农民的境遇也发生了这么大的变化。一瞬间，他的体内又涌出了想带着大家苦干创业的激情。可是看看身边脚下，他目前的境遇还有资格再做这种梦吗？

虽然这股冲动暂时没有宣泄的地方，但是褚时健没有放弃做梦，他在心里暗暗发誓：如果真的有出去的那一天，他一定要和乡亲们一起种植橙子，或许也是一条很有发展的出路。毕竟褚时健对农业、农民、农村有着深厚的了解，他完全可以就此打开一道创业之门。

激情永在，想法永在，现在最关键的问题是——褚时健还有走出监狱的那一天吗？

2002 年的一天，褚时健第二次在狱中晕倒，而这一次比上一次要严重很多。尽管很快看过了医生，但是他连下地走路都十分困难，更不要说从事其他劳动了。突如其来的病魔，让褚时健不由得为自己捏了一把汗：这样的身体，还能否带着乡亲们去种橙子呢？

无奈之中，褚时健只好动用他的一项合法权利了——申请保外就医。

保外就医，是监外执行的形式之一。根据中国的法律规定，被判处无期徒刑、有期徒刑或者拘役的罪犯，如果患有严重疾病的话都可以申请，如果得到了相关机构的批准就准予监外执行。具体来说，中国的法律规定了两种不适合继续在监狱内执行刑罚的情况：一种是人民法院在判决的时候发现罪犯身患重病不适合在监狱或其他劳动改造场所执行刑罚，这种被准予保外就医；另一种是罪犯在劳动改造场所服刑期间，身患严重疾病或者严重慢性疾病，甚至短期内有生命危险的，如果长期治疗无效经过批准也可以保外就医。

当罪犯获得保外就医的资格之后，就应当将其交给当地的公安机关监督考察，而保外就医期间应算在刑期之内。一旦罪犯病愈而刑期未满，将会回到监狱继续执行余下刑期。如果刑期已满就会按期释放。不过，保外就医的罪犯获得的自由是有限的，通常只能在一个固定的区域内活动。一旦想要走出这个区域，要获得相关机构的批准才行。

褚时健的身体已经到了不容许他继续轻视的地步，如果他继续在监狱中服刑，他的人生很可能会马上走到终点。幸运的是，褚时健申请保外就医获得了批准。

2002年的春节，伴随着一派节日的喜庆，褚时健终于活着走出了监狱的大门。不过按照规定，他的活动范围只是在玉溪市。

回到家中，褚时健感慨颇多，日渐垂老的身体蚕食着他的生命力，但也给了他重获自由的机会。现在，褚时健可以不用为困锁他的高墙而郁郁终日了，他要做的事情只有两件：一是尽力治病、安心静养；二是要揭开人生新的一页。

10 涅槃重生

重回哀牢山

离开高墙的束缚，曾经被监狱栅栏分割的阳光，也变得格外明亮和温暖。虽然身体遭受着病痛的折磨，但是和自由相比，这种痛苦是褚时健完全可以接受的。

在接受治疗和静养的那段时间，褚时健开始适应着自由生活的节奏，也在思索着自己未来该何去何从。按照常理，褚时健最擅长的似乎就是种植烟草了，可是这种国家专属经营的东西，对一个曾经在这方面犯过错的人来说，是永远不能再触及了。所以，褚时健必须寻找新的创业门路。

那么，褚时健为何要在七十多岁还要创业呢？为什么不能颐养天年呢？要知道，社会上崇拜褚时健的人很多，需要他指点迷津的人也很多，如果褚时健完全不劳动，也同样会有收入。然而褚时健不想坐吃山空，更不想不劳而获，他要让余下的生命变得更加富有光彩。

既然坚定了信念要创业，那么褚时健最终选择了哪一行呢？其实，这个创业门路早就在褚时健的心中扎下了根，那就是种橙子。

在人生中最灰色最难忘的日子里，弟弟褚时佐带给哥哥的一袋橙子，让褚时健找到了新的奋斗方向。也许是因为那是至亲送给自己品尝的，也许是橙子的味道滋润了褚时健遭受磨难的心，总之他的脑海中不时地会闪现出冰糖橙光鲜亮泽的身影。

有了想法，就要马上付诸实践，这是褚时健的一贯作风。

然而，当亲朋好友们得知褚时健要承包荒山种植甜橙后，都不约而同地劝他："哀牢山海拔3000多米，是出了名的贫困地区，生活很艰苦，你都70多岁了，能吃得消吗？你想干事，在市内干点什么不行，干吗非得跑到那个穷地方！"

面对亲友们的质疑，褚时健给出了三个原因：一是因为他觉得一个人一旦闲下来身体就不行了，所以必须要做点什么事；二是心理不平衡，褚时健觉得那些国企老总年收入几百万甚至上千万，他也不想让自己的晚年太过穷困，所以选择了创业；三是想让大家看一看他的真实能力，之前办烟厂有人说褚时健是靠着国家的政策才干起来的，现在自己另谋出路，就是为了证明他做什么都是可以的。

根据褚时健给出的理由，可以概括为以下五个方面：

第一，是自我价值需要用事实来证明，而不是过往的口碑如何如何。众所周知，农业是靠天吃饭，跟国家政策没有太大的联系，能不能赚钱很多时候要取决于当年的气候状况，而褚时健明知搞农业很困难却偏要走这条路，就是他想要实现自我的一个重要追求手段。

第二，是对获取财富的不竭动力。褚时健对贫穷有着极为深刻的记忆，也产生了深深的恐惧，因为他从小家境贫寒，而在长大成人之后又因为政治动荡导致家庭生活一贫如洗，所以他决不能吃老底活着，即使有很多人愿意给他赞助。

第三，是习惯于勤劳和“闲不住”的个性特质，纵观褚时健的一生，都穿插着一种孜孜不倦地工作和奋斗的劲头，这股劲头已经被牢狱生活憋得太久了，需要找个目标发泄出去。

第四，是一种努力实现“中国制造”的精神动力。褚时健在红塔集团的时候就致力于打造属于中国的烟草品牌，现在他要种植橙子，也是出于这方面的考虑和需求，这一点作为一种精神力量始终存在。

第五，是对家乡的一种强烈责任感。褚时健对农业和农民有着天然的淳朴之情，他也一直想要凭借自身的努力建设家乡，提高农民的生活水平，带着大家一起脱贫致富。

2002 年春夏之交，虽然天气还不是很宜人，但是褚时健却不能再蜗居床上耗尽生命了。他戴着一顶草帽，穿着普通的黄夹克和黑裤子，踩着一双运动鞋，步履蹒跚地来到了哀牢山。那天，刚刚下过一场大雨，路上还有几分泥泞，并不温暖的山风呼啸穿过，让褚时健在呼吸到新鲜空气的同时，头脑也清醒了许多。

眼望着起伏不断的哀牢群山，褚时健顿时思绪万千：这片被当地村民称为“鸟不拉屎”的荒山野岭，真的可以成为创业的第二基地吗？那满目疮痍的荒芜景象，那纵横交错的沟壑，能够填满这个七十多岁的老人心中的梦想吗？

哀牢山主要由石灰岩和砂页岩等变质岩构成，东部比较陡峭，西部则相对平缓，是全球同纬度上唯一保存完好的大面积原始山地常绿阔叶林，也是国家级别的自然保护区。它形成于中生代燕山运动时期，到第四纪喜马拉雅运动时期，这一带的地面整体抬升而河流则急剧下沉，构成了被深度切割的山地地貌。

除去这些地理构成条件，哀牢山的自然风景也是招人喜爱的。它的主峰叫做哀牢山，常年被云雾笼罩，景象甚为壮观。到了夏天，葱翠的植被将它装扮成一座庞大的绿色宫殿，让人流连忘返。到了冬天，哀牢山又变成了一座晶莹闪亮的龙宫，有着“动物王国”、“基因库”等美称。哀牢山的“南恩瀑布”、“茶马古道”、“陇西世族”庄园，都是不少人慕名前来参观的旅游景点。

历史悠久的哀牢山，由于处于边陲地带，世世代代居住着彝族、哈尼族、苗族、壮族等少数民族，所以是从宋朝以来重要的少数民族统治区域，为此推行了土司制度。土司是朝廷封授给西北以及西南等地少数民族部族首领的一种职位，它可以世袭，但是需要经过朝廷的认可才行。土司制度虽然是中国封建制度中的一个落后组成部分，但是从历史发展角度看，土司制度推进了中国边疆地区政权的巩固和稳定以及经济发展的进程。

相传，哀牢山的土司李润之，生前依靠着贩卖烟草、设卡收费等敛财方式聚敛了大笔财富，以至于他究竟有多少钱谁也说不清楚。在他于1950年去世之后，他的金银财宝也没了下落，由此成为了一个未解之谜，并给人们留下了三种说法。第一种说法是，李润之在临死前用20多匹骡马将宝藏运送到了一个叫南达的地方；第二种说法是，宝藏埋在了土司府的地下，因为李润之家的院子里保留了一些奇形怪状的图案，很可能就是关于宝藏的暗示；第三种说法是，李润之在死前就将宝藏藏进了地道，而地道的入口在哪儿谁也不知道。众说纷纭的宝藏之谜，让充满着原始气息的哀牢山更增添了几分神秘。

传闻中提到的土司府，就在新平县内耀南村的山腰上，由马厩、花园和大院三个部分构成。土司府一共有65个房间，每一间都造型新颖独特，充满了浓厚的历史气息。值得一提的是，位于哀牢山深处的土司府，居然将大门设计成了中西合璧的样式。此外，土司府还在院子里修造了消防水池以防火灾，就连取暖用的通道也修建好了。

就是这样一块历史悠久、充满着神秘气息的地方，成为了褚时健从人生低谷中重新走出的崭新起点。气势磅礴的哀牢山，指引着百折不挠的褚时健，去开辟新的人生道路。

开发橙园

新的创业生涯如何开启呢？褚时健陷入了思考，陷入了对人生新目标的权衡和考量之中。

也许没人会知道褚时健思考橙子究竟耗费了多少时间，但是可以肯定的是，当他重新回到哀牢山这块土地上时，他已经下定了决心，在余下的生命时光中和脚下的土地共存亡，他要在这片外人看不上、本地人瞧不起的土地上，种上漫山遍野的橙子。

有人觉得褚时健出狱是受到了照顾，然而此时此刻，来自外界的质疑，甚至毁谤，已经像一阵风从他耳边吹过。余下的生命实在太宝贵了，褚时健没有工夫浪费在斗嘴仗上。他要将在狱中许定的心愿完成，不能倒在古稀之年的迟暮光阴里。

2002年，褚时健和弟弟褚时佐一起，选择了新平县的嘎洒镇的新寨梁子，作为种植冰糖橙的创业基地。褚时健在哀牢山上承包了两个相邻的山头，一个叫硬寨梁子，面积710亩；另一个叫新寨梁子，面积大概是硬寨梁子的两倍还多，加在一起一共有2400亩。

这2400亩地是从水塘镇政府和附近的村庄中租赁而来的，租期为30年，年租金是28万元。如果从现在的土地价值来看，这个价格绝对称得上够便宜，因为目前水塘镇的土地流转至少已经达到了每亩地700—800元这个价位。然而水塘镇政府却不认为自己吃亏了，因为在他们看来，褚时健租赁的这一大片地，基本上是一块“雷响地”——完全指着老天吃饭。

当年这里曾经是镇办企业的用地，原来是以种植甘蔗为主，可是由于长期不进行轮作，导致了土壤板结和肥力较差，加上灌溉水源和设施不足等问题，导致这里的经济效益惨不忍睹，而且整个甘蔗农场无论施肥还是管理上，都远远做不到位，导致甘蔗长年平均单产在3吨以下。另外，由于水塘镇一带的路况也不怎么好，所以甘蔗在种出之后，还面临着运输困难的问题。

后来，水塘镇政府算了一笔账：如果扣除掉种植的成本，每年每亩平均收入还达不到80元；现在褚时健交付的租金相当于每亩地100元，这等于镇政府还赚了20元。

不过，这2400亩地的权属却存在着不小的争议。原来，这里曾经是新寨村村民世世代代耕种的土地，直到1969年农业学大寨的时候，新寨村隶属的水塘公社组织村民开荒种甘蔗，由公社出钱投资了水管、路、电等，最终建起了一片甘蔗林。后来，这片土地被镇属企业长期占用，而由于企业一直处于亏损状态，所以也没有付给新寨村民一分钱的租金。

在水塘镇和褚时健签订租地协议后，一年便收到了20多万元的租金，可“原地主”新寨村仍旧一分钱也没有拿到。于是，憋了几十年火的新寨村村民，开始向上面反映这个情况，最终在2009年争取到了40%的租金。然而这笔钱在新寨村村民看来，仍然是一个小数目，毕竟这块土地是他们祖祖辈辈耕种的土地，他们觉得只有把租金全部拿回来才合情合理。

2002年2月14日，这里发生了泥石流事件，导致17人失踪。除此之外，对褚时健的影响是：果园的土地面积由于滑坡而减少了，最后因为这个现实问题修改了这片山地的租赁条款，将租金从先前的每年28万元减少到了每年24万元。

当新寨村村民听到这个消息后，他们觉得自己已经受了灾，更希望从土地中获得一定的补偿，特别是在看到褚时健的橙子热销之后，他们觉得有理由将租金全部拿回来。

虽然存在着土地租赁权方面的争议，但是这些事情跟褚时健无关，他所要考虑的事情只有一个，那就是如何种植好他的冰糖橙子。

2002年，褚时健的公司成立了，注册名称是“新平金泰果品有限公司”。它是一个集生产、加工、销售为一体的公司。虽然叫公司，其实公司的办公楼就在果园之中——一个小山头上。整个办公楼是一栋黄色的两层回形楼房，办公楼面积很大，房间也非常多，但是如果单从外观来看，和周围的农民房没什么区别。

褚时健的房间位于公司二层的一个角落里，房内的陈设很简单，唯一特别的是在二楼有一间褚时健的私人厨房。当然，这并非是褚时健聘请了什么著名酒楼的厨师，是因为他除了侍弄果园和看书之外，最大的爱好就是下厨炒菜了，因此才给他单独配了一间厨房。也正是因为有这个爱好，果园的管理和技术人员总有机会亲口尝到褚时健炒的辣子鸡，据说味道相当不错。

在公司的外面，有一棵高大的无花果树，办公楼的宅门前有两尊白色的小石狮。或许只有这一对物件儿，才能让人偶尔想起褚时健在家常生活和农耕生活之外，还曾经有着辉煌一时的“烟王”时代。

公司的董事长是褚时健的夫人马静芬，当时有22个工作人员。褚时健主要负责生产，马静芬负责销售。

冰糖橙又叫冰糖柑，原产地在湖南的洪江市，属于中国的地理标志性产品。由于洪江市在农业生产方面，拥有着外地难以比拟的先天优势，所以这里的柑桔早在明清时期就已经美名远播。冰糖橙是洪江当地普通甜橙的变异品种，其特点是品种优良，味道浓甜，肉质脆嫩，口感十分好，所以深受市场欢迎。除了湖南之外，中国的四川、重庆、贵州、两广等地，也有少量的种植。根据科学检验显示，冰糖橙含有大量丰富的维生素C，是补充人体水分的最有效来源之一。

事实上，褚时健选择冰糖橙有一种给自己设定难题的味道，因为冰糖橙是诸多水果种类中，十分耗费人工的作物，是一种比较娇气，需要精心呵护的水果。每年年初的时候，冰糖橙需要剪梢，这样才能确保果树吸收到足够的阳光。这还不算完，在冰糖橙开花之后，还要保花保果，在其结果之后，还要控制橙子的大小进而外观。总体来看，冰糖橙的每一个生产环节都息息相关，导致果农一年四季都没有空闲的时间。

尽管冰糖橙如此耗时费力，但是正好符合了褚时健“闲不住”的性格。当然，褚时健选择了冰糖橙，也是看中了它重要的营养价值，其中还免不了和他在狱中品尝它的甜美瞬间有着千丝万缕的联系。而褚时健将冰糖橙的种植地选在了嘎洒，又是一个大胆却富有远见的决策。

嘎洒位于新平县的西部，东面有新化乡、老厂乡等地，北面紧挨水塘镇，南面和腰街镇相连。嘎洒镇的政府机关所在地位于嘎洒街，是省道必经之地。嘎洒镇地形相对复杂，不仅有1960多米海拔的高寒山区，还有510米的低海拔河谷热坝，让这里资源丰富，无论是玉米甘蔗还是稻谷，全都应有尽有。在嘎洒镇有一个冒着白烟的地方，是褚时健当年为之奉献的曼蚌糖厂，也是当地重要的经济生产单位之一。

嘎洒镇是一个以傣族为主要居民的小镇，它被一条从中经过的小河一分为二。冬天，这里的河床会一节一节地像阶梯似的裸露出来。到了雨季会有山洪暴发，这条小河就起到了泄洪的作用，不然嘎洒镇的腰街会被泥石流冲走。小镇上有一些农民就因为家里被泥石流毁掉，最后跑到山上给褚时健种橙子，改变了他们的生活。

由于嘎洒属于干热河谷地带，所以这里的气温很高。如果玉溪达到了25摄氏度，那这里则会达到35摄氏度。这样的光照条件，有利于冰糖橙转化糖分，让橙子口感更甜。虽然这一片群山不怎么被当地山民看好，但是从地理知识的角度来看，哀牢山是褚时健种植冰糖橙的不二选择。

对外界来说，嘎洒镇始终是一个小地方，但是对褚时健而言，这里的一草一木他都再熟悉不过了。每一座山头，每一条河流，每一寸土壤甚至每一道阳光，都深深印刻在褚时健的记忆中。他选择嘎洒，不仅是出于经济效益的考虑，更有一种浓浓的眷恋包藏其中。

要知道，嘎洒镇是新平县发展现代农业的典范，不过这里的经济状况却不容乐观。2011年，嘎洒镇的年人均收入仅仅不到三千元。整个镇子显得道路十分狭窄，市面也比较萧条，而山脚下的村庄更是茅檐低小，总能显现出一种贫穷和破败。也正是这样一个原因，导致了人们不管从事着什么职业，即使身居高位也从心底害怕嘎洒镇的贫穷会在自己身上降临。

褚时健的辩护律师马军，曾经给很多个云南的落马高官担任辩护律师，其中有一位是原云南林业厅厅长，这个人论资历是个老干部，收受贿赂是20多万元。可是当人们逮捕他的时候，发现那20多万还一分未少地在保险柜里锁着。人们问他为什么没有花掉，这位落马的厅长说，这20多万是打算拿回老家去修一条过河的桥。像这样的例子还有很多，有不少落马的官员生在几近赤贫的村庄里，从小就穷怕了，所以当了官之后都不敢回家，担心老家的穷亲戚过来要钱要东西，所以有些人思前想后就趁着在位的时候贪点，保证自己日后能够衣锦还乡。

就是这么一块穷乡僻壤，却成为了褚时健人生二次创业的大本营。这一年，褚时健七十四岁。他不知道自己还能精力充沛地工作多少年，但是从褚时健入驻嘎洒镇开始，他的人生标签将注定发生了一次重大的转变，一代“烟王”将转变为一代“橙王”。

困难重重

尽管哀牢山有着得天独厚的自然条件去种植冰糖橙，但是隔行如隔山，种植橙子对“烟王”褚时健来说，毕竟是一个全新且陌生的行业，或许在管理和经营上可以借鉴红塔时代的一些理念，但是在具体的技术问题上，褚时健还是需要进行学习的。

褚时健在小的时候，下河摸过鱼，后来也务过农，对农业多少还是了解一些的。妻子马静芬曾经当过化工检验员，有一定的相关技术经验。可是要论起专业种植，老两口都是外行，不知道该从哪儿下手，如何下手。比如，从哪儿购进果苗，怎么对果树进行栽培，怎么进行施肥，等等，都需要他们去学习，而且是从最基础、最初级的知识开始。

由于是第一次接触冰糖橙，所以褚时健老两口走了不少弯路，也吃了不少亏。当时，有人推荐了市场上已经被淘汰的果苗给他们，他们不明就里地种了下来，结果长出的果子很差劲，这时他们才意识到自己掌握的信息落后了。

种植冰糖橙和种菜、种粮食不一样，它需要5到6年的挂果时间，一旦其中某个环节出了差错，损失的不仅是钱，更是宝贵的时间，特别是对于褚时健这样一个七十多岁的老人而言，他没有那么多的时间可以挥霍了，必须小心谨慎才行。

经过一段时间的探索，褚时健很快掌握了种植业的一些门道。他觉得，自己以前搞烟草种植，所以对农作物有着一定的了解，而烟草虽然和橙子不同，但有些种植的基本规律是相通的，比如光照、肥料、灌溉等。

为了了解种橙子的秘诀和基础知识，褚时健不仅自己学习积累，还找到了很多专家，向他们虚心请教，同时自己也认真地研究种植之道。经过一番研究和考察之后，他更加确信了云南地区是非常适合种植冰糖橙的：昼夜温差较大，光照时间长，对橙子的生长有着极大的促进作用。

虽然知识缺乏，可以现学现卖，但褚时健毕竟是一个七十多岁的老人了，即便他有再顽强的意志，身体上、精力上的不足也是客观情况。于是有人问褚时健：以前你种烟的时候是因为懂烟，现在你在种橙子，你却不懂橙子啊。

褚时健认为，自己在种烟之前也是完全不懂，只是一个政府工作者，可是后来在接触了烟草行业之后就在思考：如果自己做事认真一些，工作努力一些，是不是可以克服对烟草行业的不熟悉呢？事实证明确实如此，褚时健不仅最终变成了一代烟王，更将红塔集团这个品牌推向了全世界。

在褚时健身上，你能看到一种永不磨灭的亮剑精神，就是无论面对多大的困难，他都能咬着牙冲过去，将所谓的困难彻底撕碎，在这个过程中，他可能会受伤，可能会遭遇挫败，但是他的视线始终盯着成功的终点，而不是眼前利益的得失。在红塔时代，褚时健总是不住地告诉自己：今天就要将每一件事情都做好，因为明天、后天这种锐气可能就不存在了。也正是基于这个心理状态，褚时健才努力地办好玉溪卷烟厂，带动了一个相对贫穷的云南一步步发展起来，超过了西藏、贵州、青海等地，创造了一个又一个神话。难怪朋友们会这样评论他：“我们都私下里谈论说，老褚这个人，就像水里的葫芦，将这一头摁下去，那一头又冒出来了。”

的确，褚时健没有消失，他只是从一个迷路者变成了领路人。

褚时健承认自己在种植冰糖橙方面，是个地地道道的门外汉，但是他认为种烟和种橙子有一个共同点，那就是要跟农民搞好关系，让农民尽可能地获利，这是核心的经营之道，是不受行业门类限制的。只要让农民拿到的多了，就会提高他们的生产劳动积极性，无论是做烟草还是种橙子，和农民的关系永远不是对立的，而是唇亡齿寒。

这是从商业层面出发的一种结论。除此之外，褚时健对农民还有着深厚的感情，他从内心深处希望农民都能够凭借辛勤的劳动最终致富，过上好日子。

亮剑精神，其实质就是不向困难妥协和低头的一股冲劲，当然这种冲劲也需要理智陪伴，否则亮剑精神就会变成鲁莽和蛮干。褚时健不缺乏理智，也不会感情用事，他比任何人都清楚，他所面对的大自然是没有感情的，它不会因为种橙子的是褚时健就会给他风调雨顺的好时节。

在着手种植冰糖橙之后，褚时健开始面临需要解决的各种困难。

第一个问题就是水源问题。

像橙子这种水分丰富的水果，离开大量的水分供应肯定是不行的。但是在山上，水源是非常紧缺的资源。尽管云南的光照充足，但是很多山上是没有水的，必须人工运水或者采取别的办法。

人工运水成本太高，况且果园面积那么大，是不可能灌溉过来的，褚时健当然不会考虑这个办法。经过一番考察和论证，褚时健决定用泉水对橙子进行灌溉。

山上的确有泉水，但是要将这些泉水引入果园中，那是需要进行工程建设和改造的，那么下一个问题就来了——资金从哪儿来？

当时的情况是，如果从哀牢山引水的话，一根水管的造价在一百七八十万元左右，而褚时健的果园当时一共需要架设五根水管，一般的农户根本承受不了这么高昂的成本投入。而褚时健手里只有一百多万元的启动资金，连一条水管都拿不下来。

一分钱难倒英雄汉，这句话真是不假。昔日的“烟王”现在也只是个普通的老人，他不能再像过去那样大笔一挥就弄来钱，他也需要筹措资金。幸好，褚时健的名声无论在亲戚中还是朋友圈里，都还是不错的，所以很多亲朋好友得知他需要资金援助，就都慷慨地借给了他钱。正所谓救急不救穷，人们相信褚时健缺钱只是暂时的，一旦冰糖橙子可以卖到市场上，这些资金自然会收回来。

面对大家的信任，褚时健除了感激和欣慰之外，多少也有一点担忧，万一自己种植橙子出了些纰漏，辜负了大家的信任该怎么办？要知道，为了建造泉水灌溉果园的设施，褚时健前前后后搭建了不少管道，一共花费了1000多万元。这么一笔庞大的开支，要说一点压力没有是不可能的。

不过，钱也花了，橙子也种上了，再去担心能否还上欠款是没什么意义的。现在对褚时健来说，最重要的事情就是经营好他的冰糖橙，这是他一切信心和底气的来源。

从哀牢山到橙园基地，需要架设引水管的总长度为18.6公里，而在园子里则需要投资64万元兴建6个蓄水池，总容量达到25万立方米左右，此外还需要投入60.9万元安装微喷灌设施2400亩、铺设微喷管道52万米。

当时在橙园中，每排橙子树下面都缠着一根黑色的塑胶水管，管体上喷着涓涓而出的水流。经过很长一段时间的筹措，这些引水设施才全部建好，期间经过了一个漫长的安装和完善的过程。虽然从那个时候来看，褚时健花了这么一大笔钱去引水，显然是有些大动干戈的意思，不过当2009年云南遭遇了百年不遇的大旱时，这些引水设施就起到了救命的作用。

2009 年，由于干旱的严重影响，哀牢山山脚下的老百姓不得不出去抬水喝，导致了农业产量的骤减，而褚时健的橙园并没有受到什么影响，因为他的引水设施帮了他的大忙。而且，褚时健还十分慷慨地让附近村庄分享了他的水利设施。

正如当初在红塔集团大胆引进天价设备一样，褚时健的深谋远虑，绝非一般人能够理解的，也正是这种高瞻远瞩的眼界，让他能够从容不迫地克服一道道难关。

不过，水源的问题始终只是一个问题，尽管褚时健满怀信心，但是接下来的事实却再一次证明：创业路上多艰辛。

就在褚时健承包果园的第二年，由于营养缺乏，导致了大部分橙子都谢了，成片成片地掉在地上，结果 2400 亩地只收到了 14 吨橙子。为了尽快找出原因，褚时健基本上不回家，大部分时间都待在山上，和被邀请过来的农业专家以及经验丰富的果农一起研究讨论，常常是废寝忘食。

那些日子里，褚时健整天都是忧心忡忡的，既恼火又发愁，整夜整夜地睡不着觉，他没有想到种个橙子也会这么难。更让他失望的是，请来的专家也没有给他拿出什么好办法，只是说这些橙子是被风吹掉的。

这样的一个结论自然无法让褚时健满意。如果换做别人，在专家都束手无策的情况下，恐怕要打退堂鼓了，但是褚时健却没有这么做。发愁归发愁，恼火归恼火，问题不会因为你的唉声叹气就会解决。为此，褚时健拿出了求人不如求己的精神，一头钻进了书店，买来各种相关的参考书籍伏案苦读，一页一页地翻阅资料，绞尽脑汁地分析原因，最后居然找到了解决的办法，将营养不足这个问题成功解决了。

2007年，果园又一次遭到了危机。当时的情况是这样的，由于橙子的产量提高，果园修建了一座冷库。可是因为对冷库的温度和湿度标准并不熟悉，导致不少入库的果子反而腐烂了。为此，褚时健特地请来了外地的专家帮助他想想办法，然而这些专家也是束手无策。那时候，褚时健是真的急了。每天半夜三四点的时候还在看书，最终找到了解决的办法——调整了冷库的温度和湿度。

老天似乎和褚时健较上了劲，眼看着他解决了这么多棘手的问题，却似乎没完没了地继续考验着褚时健，几乎每一年都有新的问题出现，要么是营养不足，要么是储存期太短，要么是闹了自然灾害，要么是口感不好……总之一句话，在种植橙子的前七年里，褚时健就没有轻松过，总是在解决了老问题之后又着手解决新问题。

褚时健原本是一个没有什么爱好的人，但是自从种植冰糖橙之后，他培养了钻研橙子这个新爱好。在解决了橙子掉落的问题之后，又出现了口感淡而无味的情况。为了搞定这个问题，褚时健常常深更半夜从床上爬起来，捧起有关果树种植的书一本接着一本地看，有时候会通宵达旦忙到凌晨三四点钟，最后发现了是肥料的结构出了问题。找到问题的根源之后，他就采取相应的对策着手解决。

就这样，褚时健在困难中摸索着，在挫折中前进着。直到第七年他才稍稍喘了口气——果园的种植终于进入了正轨。

也正是在这第七个年头，褚时健还清了向别人借的1000多万元，而且他的果园也开始盈利了。尽管如此，褚时健并不认为大功告成了，他知道自己还有很多事情要做，凭他的意志和身体，或许再干个七八年也是没问题的。

一个七十多岁的创业者，就是这样一步一个脚印地行走在全新的创业之路上，也是一点一滴地积累着全新的经验，更是一滴汗一滴汗地克服着重重困难。在这种不屈斗志的促动下，褚时健还在行走着，探索着，证明着。

品牌建设

褚时健是一个技术型的管理者，从当年在曼蚌糖厂维修锅炉，再到玉溪卷烟厂维修锅炉，褚时健总是能够放下一个领导者的身段，在设备出现故障的时候挺身而出，给广大技术人员上了最生动的“技术演示课”。平心而论，像褚时健这样的技术领袖现在越来越少，取而代之的是一些喜欢空谈，喜欢“画大饼”的“嘴皮子”管理者。因此，褚时健的实干钻研精神，对当今中国企业的管理者们来说，无疑是一个最好的学习榜样。

为了经营好自己的果园，褚时健拿出了当年大办玉溪卷烟厂的劲头，他和妻子在果园里搭建了工棚，无论吃住都在里面。由于哀牢山保留着原始森林的味道，所以山上什么东西都有，经常会有蛇和虫子出没。根据马静芬回忆，那时候很害怕，要是没有褚时健陪伴在他身边，她是不敢一个人住在山上的。

褚时健家中有三个保姆，她们主要的工作是负责褚时健和马静芬的日常起居生活。由于操心果园的一草一木，同时也担心果农不按照自己的种植计划栽培，所以褚时健每天 6 点半就从床上爬起来，到园子里去转一转，而这时保姆们却还在梦中。如果赶上不忙的时候，褚时健也闲不住，会给大家弄早餐，活脱脱变身成了一个“家庭主夫”。有时候，马静芬会开玩笑说：“不知道是保姆在照顾他，还是他在照顾保姆。”

其实，谁不想多睡一会儿，谁不知道被窝里是最安逸的地方。但是褚时健有上千亩的橙子要照料，有上百户的果农需要管理，他不可能高枕无忧地睡着。他每天做的事情，都是有着规划的——将明年的事情也一并准备好。这就是褚时健的行事风格。

种植冰糖橙，土壤很重要。为此，褚时健多次找专家进行化验，不断分析肥料对橙子生长的促进作用，并根据这些结果进行调整。很多时候，他们会围绕一个问题发生争执，当大家实在拿不定主意的时候，最后拍板的还是褚时健自己。当然，这并非是因为大家惧怕褚时健，而是对他有着充分的信任感。

为了学习和借鉴其他橙子品种的优势，负责销售的马静芬总要在全国各地转一转，一旦发现好的橙子就买下来，用作研究。起初由于资金紧张，有时候因为囊中羞涩，马静芬只能买一个橙子，弄得别人都在看她，心想这个老太太是太穷了呢，还是太抠了呢？对于别人的侧目相向，马静芬也不觉得尴尬，也不介意大家是不是在看她的笑话，只要能把橙子种好比什么都重要，她这张老脸豁出去了！

经过和全国各地的橙子进行对比，褚时健发现自己种植的橙子和美国进口的冰糖橙已经不存在多大的差别，比如色泽等等。褚时健发誓，一定要在这块看似贫瘠的土地上创造出奇迹，种植出优秀的橙子，超过这些所谓的进口品牌，打造独具特色的品牌。

品牌虽然重要，但是在创建品牌的过程中是需要花费很大的力气的。在褚时健刚刚收获第一批橙子时，由于口感不是很好，所以他没敢卖到市场上，生怕砸了自己的招牌，但是他觉得扔掉了又太可惜，毕竟橙子本身的营养价值还是存在的。于是，褚时健十分慷慨地将这些橙子送给了村民和学校。

能够将辛辛苦苦种出的果实分享给其他人，这不仅是一种高瞻远瞩的商业眼界，更是一种朴实无华的胸怀。在创业的道路上，谁也不可能是一帆风顺的，即便是像褚时健这样的人物。但是有障碍不要紧，只要凭借一颗敢于迎难而上的心，所有问题迟早都会迎刃而解的。

到了种植橙子的第二年，由于褚时健和技术专家改变了肥料的配比，让橙子的口味一下子改进了不少。

当时，褚时健采用的肥料很特别，是由烟梗和鸡粪等调制而成的，成本只有200多块钱，却比市场上1000多块钱的化肥要强得多。有了这种优质肥料的支持，褚时健终于对自己的橙子有了足够的自信，更坚定地朝着品牌建设的方向迈进。

既然要打造品牌，就不能脱离品牌赖以生存的国情。经过一段时间的摸索，褚时健发现，冰糖橙并非是越甜越好，而是要让它的甜度和酸度维持在18比1这个比率上，因为只有这样的比率才符合国人的口味。一旦高了或者低了，都是让人难以习惯的。

品牌建设，肯定需要一个响亮好听，又容易让人记住的名字。为此，褚时健给自己的橙子取了个“云冠”的名字。可是好名字却不代表好销量，在云冠进入市场之后，马上就遭遇了销售方面的问题。由于云南地区的冰糖橙种类繁多，所以市场竞争十分激烈。

当时的情况是，老百姓花上十块钱，就能买到好几斤橙子，而褚时健的橙子，定价要比市场上其他橙子高出很多。当然，“云冠”

价格高的原因是成本比较高，毕竟褚时健无论如何也不可能赔本赚吆喝，他的身上还背负着债务，他的心中还怀揣着梦想。

为了将橙子卖出去，褚时健拿出了当年在玉溪卷烟厂推销香烟时的勇气，他和老伴马静芬都站到了街上叫卖，远远一看，和周围的小商小贩没有什么区别。不过，由于褚时健在云南当地名气很大，所以多少会有些人能认出他来，也都没想到一代"烟王"，现在居然沿街叫卖橙子，于是出于同情和好奇就买了一些。可是，这种小打小闹的销售，对于哀牢山上成片待售的冰糖橙来说，无异于是杯水车薪。

后来，为了促销，马静芬曾经想出了一个办法，她做了一个写有"褚时健种的冰糖橙"的条幅。开始，褚时健对这个提议并不同意，总觉得是在"吃老底"。但是为了尽快地将橙子卖出去，褚时健再三思量，觉得还是有必要借用自己的名声，毕竟这也是营销手段中的一种。

品牌建设离不开名人效应，在褚时健打出了这个条幅之后，效果果然不同，熟知褚时健大名的当地人，见到了由他种植的橙子，自然产生了浓厚的购买兴趣，于是纷纷抢购，结果橙子很快销售一空。有意思的是，"云冠"这个名字并没有让人记住，倒是将"褚橙"这个代号传扬了出去。

"褚橙"终于打开了销路，按理说这时候褚时健应该加大嗓门再"吆喝吆喝"——花钱做广告，继续推广他的冰糖橙。然而，褚时健并没有这样做，他觉得既然成功进行了品牌建设，做广告无疑是花冤枉钱，他相信褚橙的品质会打动消费者，更相信自己几十年积攒下来的口碑能赢得社会大众的信赖。

当年褚时佐探望褚时健时送给他的橙子，品名叫"高原王子”，也是云南一种比较常见的橙子。从昆明经由玉溪至嘎洒镇的公路上，都可以看到“高原王子”的广告牌子。然而褚时健的“云冠”冰糖橙，却在云南当地没现一句广告词。然而没过多久，很多人都知道了这个“云冠”冰糖橙是一代“烟王”褚时健精心培育的品种。

褚时健种植橙子，其实是将企业管理的一些简单办法，用在了对农户的管理上，比如，他规定了一棵橙树进行定额生产，多余的不收，同时他还承诺对那些能够保质保量提供产品的农民，能够像工人那样领到年终奖……虽然这些措施在寻常企业中没什么新鲜的，但是用在农业公司中，还是让玉溪当地的果农倍感新鲜，所以都竞相为褚时健提供高质量的橙子。

褚时健的果园，从种植到管理，几乎都由他一个人负责，这给他带来了很大的压力，当然也让他拥有了更多的自主权。褚时健管理果园的方法是“专家＋作业长＋农户”的模式。这种模式的实质是，从国内请来农业专家，担任技术顾问，指导褚时健种植冰糖橙，同时还从当地经验丰富的果农中挑选出一些能力出众者，进行分片式管理，再从当地雇佣一些农户进行生产作业，推行承包责任制。

应该说，褚时健的这个体制是经过了认真的思考和论证的，它的好处是，能够让作业长和农户之间的责任划分清晰，奖罚分明，还可以让果农获得丰厚的利润回报。通常来说，一个作业长一年的收入能达到五万元左右，而一个普通果农的收入能达到两万元上下，此外还有一个优势是：农民们可以在山上养鸡喂猪，比去城里打工划算多了。

种植的工序被理清了，接下来就是销售的问题了。在褚时健投身于这个行业时，其实云南的冰糖橙市场早已处于饱和的状态，市场拓展空间十分有限。不过即便如此，褚时健还是信心百倍，特别是当他品尝到了澳洲的进口橙子时，意识到品牌经营的重要性，一如他当年见到万宝路香烟时一样，他也希望将自己的橙子打造出一个响当当的品牌。

褚时健，能带着他的橙子创造新的业绩吗？他能够再度写下红塔时代的传奇吗？

企业家的智慧

在创业道路上，褚时健有一个很突出的特点，那就是舍得花钱，尤其是用在技术和设备上的钱，哪怕是冒着坐牢的代价也要贷款借来。正是有了这种冒险精神，褚时健才让玉溪卷烟厂从默默无闻变成了名声大噪。

当褚时健由“烟王”变为“橙王”之后，他依然敢于投资，哪怕是借钱，哪怕是承受着还不上的压力也要做。或许，从这个角度可以看出，褚时健是一个真正敢于开拓的管理者，他不会按部就班地小心做事，而是“该出手时就出手”，只要这件事值得去做，那就要义无反顾地投入无限的精力。

2009 年 12 月 10 日，在褚时健的果园里，这个新兴的“橙王”一共做了两件事：一个是跟下属讨论怎样解决明年面临的供水不足的问题；另一个是发现了两名果农监守自盗该怎样处理的问题。

缺水是褚时健一直面临的问题，从 2002 年到 2009 年，在褚时健总体投入的 4000 多万元中，其中就有几百万元是用来进行果林的灌溉。对于前期的投资，褚时健非常舍得投入，在果园里建造了足球场大小的水池，这个引水工程大约前后花了几百万元，除此之外，有机肥料厂、冷库、鲜果厂花去了褚时健900万元左右，此外还有土地流转、修路、苗木等费用，平均一年的人工费用是200多万元。

褚时健借助了外来资本，对种植业开始了大规模的投入，他的目标是采用标准化生产，这才能确保水果品质维持在一定的标准。

褚时健如此舍得投资，是因为注重产品的质量，这是他管理思想中最重要的体现之一。如果换做别人，可能会尽量地控制成本，能省就省，甚至对一些必要的设备投入也会想尽办法进行代替。然而褚时健却从来不倡导这种风格，能用资金投入解决的比如水源等问题，那就用钱来解决；不能用资金解决的，就依靠智慧和勤劳来破解。总之，褚时健在该花钱的事儿上从来不含糊，在不该花钱的事儿上也是一如既往地节省。

2013年，褚时健的冰糖橙预估有1万吨的产量，批发价格达到了每公斤10—14元，预计收入将达到1亿元以上，利润也有几千万元。对于种植水果来说，这样的收入已经是相当可观了，虽然不能和之前的烟草业相比，但也实现了褚时健种橙子时的一个愿望——不想让晚年过得太贫寒。对于一个八旬老者来说，拥有这样的业绩，似乎应该学着做一个“守成之君”更稳妥。

但是，褚时健永远都是一个进取型的“开国之君”，他绝不会满足于被人认可的某种成就感，只要有更上一层楼的机遇，他是绝不会放弃奋起直追的。于是在2013年这个褚橙更加辉煌的时代，永不服输的褚时健大举扩张，除了保留原有的嘎洒镇的2400

亩果园之外，又在新平县的磨沙镇开辟了3000多亩，而在永胜县的金沙江边又扩充了1300多亩。

或许，这就是褚时健的魄力所在，从2002年到2013年，褚时健的橙子创业基地，从2400亩变成了1万亩。

这又是一笔大投入，也是一个大战略。然而褚时健的扩张并没有停止，他还投资2500万元，建造了一座高档酒店，作为观光旅游使用。

有些人会不理解：在一个好好的果园里，干吗要修建一个酒店呢？还是高档的?!

原因很简单，褚时健的名声和人们对褚橙的关注热度，正在逐年递增，作为励志橙的诞生地，很多人慕名而来看望褚时健，其中有不少企业家或者公司高管人员。即使对褚时健本人没有那么高的热情，大家也对这一片橙园有着浓厚的好奇心。人多了，褚时健的小房子当然无法提供住宿，所以一个高档酒店的修建计划就显得十分有必要了。

2009年12月10日，褚时健带着几个被邀请过来赏花的老朋友，不过这次朋友们没有下车，只是在果园中慢慢地兜了一圈。这其中就有前昆明烟厂厂长瞿静怡，他之所以过来赏花，也是想分享褚时健丰收的喜悦。目前瞿静怡也已80多岁，他和褚时健是年轻时一起在北京学习时认识的，从此结下了深厚的友谊。

就在这一天早上，褚时健在接受助手给他注射了胰岛素之后，开始了在果园中的巡视。当他来到一个新农户的地里时，发现了一些稀疏的果苗。褚时健告诉他，应该把地弄得平整点，赶快种一些黄豆。这个农户不太明白，以为种黄豆是为了吃，然而褚时健却告诉他是用来做绿肥的。此外，褚时健还叮嘱农户：在果苗的根部覆盖一些枯叶，这是为了留住水分，然而也要注意下面藏着的白蚁。

从这个农户家离开后，褚时健在硬寨梁子的作业区，听到了下属有关两个果农监守自盗的汇报。

事情的经过是这样的，12 月 8 日晚上，农户资某和鲁某合谋，在鲁某承包的片区里分别摘走 650 个和 452 个果子，打算下山偷偷卖掉，却不想被抓了现行。于是，大家就这个事件召开了一次小型工作会议，对如何处置两个果农展开了讨论。一种意见是，由于家贼难防所以必须杀一儆百，不仅要按照公司的规定对其进行罚款，还可以将他们直接开除；还有另一种意见是，不必对他们采取过于极端的处罚办法，而是让他们写书面检讨，同时按照每个橙子 5 元的计算方法进行罚款。

监守自盗，历来是遭人痛恨的，因为这种行为非常隐蔽，所造成的恶果也是难以估量的，如果每一个果农都有这样的小算盘，那 1 万亩地加起来的损失可就相当惊人了。按理说，褚时健应当采取比较严厉的做法，但是他最后给出的意见是：谨慎处理为妙，毕竟果园是第一次遇到这种事情。

回想起当年的刑罚，褚时健在处理别人犯错的时候，更加小心，也多了那么几分人情味。褚时健知道，虽然他的果园势头正盛，但是招来一批新农户是需要磨合的，而且公司也付出了相应的培训成本，一旦将他们就地开除，还会带来一些新的问题。另外，褚时健还认为，对这两个果农的惩罚也要适可而止，因为还要让他们将 2009 年的活做好，这样他们才有钱回家。

那两个“家贼”在得知褚时健如此宽容自己之后，想必一定会痛改前非、重新做人了。毕竟在当今社会中，一个私营企业的老总能从人性宽容的角度出发，给予别人纠正错误的机会，实在是难能可贵了。

一个很普通的监守自盗事件，却折射出褚时健在处理有污点的人时的宽怀态度。或许时光倒退十几年或者几十年，褚时健不会对这两个果农手下留情。也可能，这就是人生境界的一种修炼，所以他在对待别人犯错时的态度，更多了一种包容和宽怀。

褚时健的进取心，让他具备了虎狼一般势在必夺的勇气和魄力，无论遭遇多大的困难和挫折，他都能坦然面对，因为怯懦和退缩会让自己丧失掉一切机遇；褚时健的包容心，让他具备了导师一般宅心仁厚的人格魅力，即使对方做出了有悖于自己教导的事情，他也能够以循循善诱之心引领对方最终走上一条正路。

褚橙火了

经历了无数次的试验和攻克难关，褚橙终于迎来了辉煌的一页。“云冠”从褚时健这个外行手中，一步步成长为具有一定知名度的冰糖橙品牌。

2004 年，经过农业部产品质量监督检测中心检测，褚时健的云冠冰糖橙，获得了中国绿色食品发展中心颁发的绿色食品 A 级产品证书；2005 年，褚橙通过了 ISO 质量体系认证；2009 年，“云冠”商标被认定为云南省的著名商标；2010 年，褚时健的橙园被评为市级农业龙头企业。

褚时健的果园做得越来越大了，经济效益也有了明显的提升，根据资料统计，褚时健的橙子在 2008 年的纯利润是 1800 万元，而到了 2009 年，其产量比 2008 年提高了一千多吨。

在褚时健的领导下，这个带着浓厚褚氏风格的果园，走到了成立8年以来的一个顶峰。当然，这个成绩在日后还将被改写。

2010年11月3日，是褚橙正式进入昆明市场的日子。当时，在云南以外的市场，褚时健全部交给了一家名为“海南科果”的公司来负责，到了当年的12月7日，这家公司已经团购了几百吨的冰糖橙。不过，褚时健那时候的策略还是以云南为主要销售市场。根据当年12月中旬的数据显示，褚时健的果园产量达到了4040吨左右，是一个地地道道的丰收年。

褚时健的生产销售流程是这样的：先是让农户对橙子进行采摘，然后就地在果园里进行第一次统计，按照橙子个头的大小进行分装。由于产量很高，农户的工作量很大，最忙的时候，从果园运送出去的橙子能够达到130吨——出动了9辆东风大货车。

橙子从果园运出之后，接着运送到玉溪市大营街的分厂。每年的11月到次年的1月，每天出厂的40—50吨冰糖橙，都要从这里经过，随后陆续运送到全国各地。

为了监督橙子的产销过程，褚时健几乎每天上午都要到工厂走一圈，关注每一个细节，确保不出问题。虽然有着“烟王”和“橙王”的称号，但是褚时健却没有一点架子，十分平易近人。

由于褚时健人缘很好，所以当大家得知他开始销售冰糖橙的时候，纷纷联系他购买褚橙。2010年12月7日，南京金箔集团的市场部经理刘广富，亲自带着助手来到褚时健的厂子里，一下购买了30吨冰糖橙，成交价格为24万元。被买走的冰糖橙，将作为礼品发放给公司员工——每人一箱。用刘广富的话说，他们主要是看中褚时健的名声，所以在众多的橙子品种中买下了价格并不便宜的褚橙。

当然，褚时健的橙子并非是靠着名声和关系卖出去的，“云冠”冰糖橙本身有着很强的市场竞争力。根据昆明市一个平价水果超市老板反映，他进的褚橙在一季度就卖掉了20吨，利润十分可观，而且果子在质量和颜色上都有着不错的品相。

褚橙在市场中，被划分为三个等级进行销售，根据不同水果店的实际情况，其定价也不尽相同。有的水果超市将褚橙分为一级果、优级果和特级果这三种类别，2010年每公斤的价格分别为6.8元、8.8元、10.8元。虽然褚橙的利润空间并不是很大，但是很多顾客却认准这个牌子，而且一旦销量上去了，超市会得到来自褚时健5%的返点。这样掐指一算，褚橙赚取的利润比例能够达到10%—12%。

2010年的12月份，褚时健非常忙碌。这不仅是因为当年的橙子销售很好，也是因为他们只有一台洗果机器，所以一旦机器出现一点故障，很快就会导致第二天发不出货来。尽管存在着一些困难，但是褚时健却非常乐观，他要将褚橙做得一年比一年好，这样才能持续地带动销量，提升品牌价值。不过，由于云南整体橙子的高产量和价格竞争等因素，褚时健不得不在2010年将褚橙的批发价降了一块钱。

虽然冰糖橙产量可观，但是在众多的果子中，也出现了7%表皮泛花的橙子，样子不太好看。对此，褚时健也在着力查找原因，有人说是风刮的，也有人说是病虫害。或许，7%这个比例并没有占到太大的比重，但是对褚时健来说，他不能容许自己的橙子出一点问题，因为他不想让别人说：“这样的丑果子也是褚时健种出来的吗?”所以，褚时健绝不会听之任之，他要弄明白到底是什么原因让他的冰糖橙中出现了这样的“异类”。

在 2010 年，这个 7% 成为了褚时健需要攻克的问题。由此可以看出，褚时健无论是做烟草还是做橙子，都力求做到最好，他要让自己的橙子成为独一无二的，即使其中掺杂了一些“丑八怪”，那也会影响褚橙的名声。褚时健认为，玉溪是褚橙的主要销售市场，尽管这 7% 的橙子口感并不差，但是褚时健还是不允许“一粒老鼠屎脏了一锅饭”。既然要打造品牌，就必须要精益求精。

或许正如很多人所认同的那样：绝大多数的成功者都是偏执狂。在对待橙子品相和口感方面，褚时健也的确如此认真，认真到了别人无法理解的地步。

2011 年，云冠冰糖橙产量达到了 8000 吨，产值达到 3548 万元。

2012 年，褚时健的橙子第一次进入了北京。首先在北京市场亮相的是“褚橙”中的特极品，根据相关数据统计显示，2012 年 11 月 5 日上午 10 点，是褚橙正式开卖的时间，仅仅用了五分钟的工夫，褚橙就卖出将近 800 箱！买得最多的一个人，一下子购买了 20 箱，而一家机构通过团购电话订购了 400 多箱。从上午 10 点到第二天上午 10 点，褚橙用了 24 小时就销售出了 1500 箱。结果，20 吨橙子，用了 5 天的时间彻底售罄，据说最多的一天，一共卖出了将近 1600 箱，书写了北京初冬水果市场的销售神话。

当褚橙在北京大卖的消息传出之后，引起了大家的纷纷关注：昔日“烟王”种植的橙子居然卖到了首都，这的确是一个值得纪念的重要里程碑。当时，身在美国的王石得知这个消息后，在微博上留言写道：“巴顿将军说过，衡量一个人的成功标志，不是看他登到顶峰的高度，而是看他跌到低谷的反弹力。”这条微博很快被网友转载了将近 4000 条，评论超过了 1000 条。紧接着，梁冬、龚文祥、白云峰、徐小平等各行各业的精英也都纷纷写下微博，表示对褚时健的敬佩和支持。

王石的评价一语中的，几乎非常完美地诠释了褚时健的人生态度和性格。而且，这并非王石第一次支持褚时健，早在几年前，他曾经在参观褚时健的果园时说过："这可能是中国最好的橙子，和美国加州的橙子一个味道。"

一个原本普普通通的橙子，由于融入了褚时健不同寻常的人生经历，所以很快被人称作"励志橙"。还有人说，褚时健卖的不是橙子，卖的是故事，是一种经历人生风雨而不屈不挠的精神意志。

2012 年，褚时健的 3000 亩褚橙成为当地最大的农场，橙子的年产量达到 9050 吨，产值达到了 7800 万元，实现利润在 4000 万元上下。而到了 2013 年，褚橙的产量将可能达到一万吨，而这一万吨早已经被全部订购一空，总产值达到了 8000 万元，可实现利润是 4000 多万元。

在 2013 年，褚橙成为了"明星橙子"。从当年 12 月开始，几乎每隔一天都会有货车从哀牢山出发，经过长途跋涉到达广州，而车上拉着的正是褚时健的冰糖橙。然而这种繁忙的景象仅仅持续了十天左右，广州就面临着断货的情况。

褚橙的品牌效应来了。

在珠江三角洲一带的企业家，由于很多人都崇拜褚时健，对他的认知度极高，所以都抢着团购褚橙，需求量相当之大。现在，褚橙面临着供应不上的局面。虽然褚时健走了电商销售的路线，但由于橙子的需求量实在太大，所以在 2013 年的 1.1 万吨橙子中，只有 1500 吨供给了电商，其中广东等地的 8 个城市仅仅得到了 500 吨。即使是这么一个不高的数字，也是来之不易。

在过去，褚橙不出云南就会销售一空，在广东的知名度并不高，不过褚橙甜中带微酸的口感，十分适合广东人的口味，所以还是分给了广东500吨。

相比于广东，那些没有分到褚橙的地方，自然是翘首以盼，比如成都就有着很大的需求量，很多消费者都表示想要品尝一下褚橙的味道。

褚时健，就这样带着他的再度创业梦，从远离人群的哀牢山中，走向了繁华的大都市，在新的人生轨迹上创造了新的业绩。

11
造福农民

打造褚橙庄园

褚时健是一个农民，他的身上具备了农民的很多优点：质朴、善良、勤劳，他喜欢田园生活，他喜欢高山密林，他喜欢摸鱼打猎……当初因为顺从了妻子的意见，他最终选择到玉溪卷烟厂当厂长，未能在塔甸煤矿安度余生。现在他种上了橙子，天天行走在果树丛中，整日和农民在一起打交道，应该是圆了他心中的一个工作和生活的图景。

正因为出身于农民，所以褚时健了解农民，也懂得怎样和农民沟通，这对他种植橙子大有帮助。在褚时健的果园里，目前大概有一百多户农户，人数在几百人上下，分成几个组进行管理。

其中有一部分农户是在原来农场工作的，后来经人介绍加入了褚时健的团队。其余的大部分农户来自嘎洒和水塘这两个镇子，另外还有一些是来自普洱市的镇沅县。

很多人会觉得，这些农户是奔着褚时健的名气来的，这完全得益于他过去的“风光历史”。事实并非如此，农民们很讲究现实，不会在意什么名气，更不会因为谁能夸夸其谈就跟谁走，他们之所以跟着褚时健一起创业，是褚时健能够给他们带来回报。

褚时健也的确是这么做的，为了留住果农，他在果园推行了一项新的福利政策：自从果农进入果园的那一年算起，每年将会递增 100 元的工龄工资。这个政策吸引了不少农户下定决心和褚时健一起干。

果农和褚时健见面的机会是比较多的，特别是在采果的旺季时期，褚时健基本上每隔五六天就过来一次，经常和大家进行沟通。但是对于褚时健的过往，很少有果农去问，褚时健自己也绝口不提，他和农户之间更多的交流都是跟果园有关的。可以说，很多果农对褚时健都很佩服，因为在农村即使到了 60 多岁，也不会再去干什么了，更何况像他这样一大把年纪。

褚时健在开会的时候对手下的农户说过一句话：人生 60 岁才是起步阶段，70 岁才是真正总结人生的时候。也许淳朴的农户并不能真的理解褚时健所谓的“60 岁起步”的含义，但是他们看到了这个八旬老者整日工作的情景，也对他充满了敬佩和信服之情。

褚时健刚开始种植橙子的时候，每户果农承包 23 亩左右的果园面积，开花、施肥、打药、修剪……几乎每个环节都需要他们认真操作，为此果农都吃住在山上。农民们生活条件很不错，房子由公司来提供，里面备有沼气，做饭烧水都不需要花燃料费。

如果需要购买生活用品，只要骑摩托车去山下的嘎洒镇就可以买到。另外，公司每个月会发给农户500元的生活补助，而他们干活用的工具和农药钱都是公司出资购买。实际上对果农来说，他们只需要学习种植技术并付出劳动就可以了。

山上的生活是比较艰苦的，通常到了12月份，果园里还会挂着几百吨的果子，为了确保冰糖橙的品质，公司会要求农户在规定的时间内尽快摘完。为了完成任务，果农常常在天还没亮的时候就起床进行采摘。摘完果子之后，他们还要进行施肥，以此来填补被果实带走的营养成分。

虽然回归自然，但有些农户不免也会感觉到孤独，他们觉得一年365天都住在山上，这让自己失去了自由。由于山上的生活很单调，所以年轻人是不愿来的，他们觉得找个媳妇都很困难，所以来的人通常都是人到中年、成家的人，当然他们也是在适应了四五年之后，才习惯了山上的生活。为了一心种植好橙子，很多人抛弃了过去和朋友聚会喝酒的日子，过上了一种独处的生活。

有一户农民，由于老家的土地被泥石流吞没，在褚时健的果园开办之后，他们一家人就来到山上。为了确定是否要留下来，他们算了一笔账：假设两人的年收入不能达到3万，日子就很难过下去。现在，这户农民已经掌握了种植冰糖橙的技术，即使遇到病虫害，也能自己找到解决办法，不需要请教技术员，日子一天比一天好起来。

农闲时间，果农会在家里看看电视，偶尔去镇上逛一逛，虽然这里的空气很新鲜，但是待得久了，也就失去了新鲜感。不过随着生活水平的提高，大家对这里也越来越满意，到最后真的将这里当成家了。此外，大家也都分到了一点地，不过很少有人去种，都是到山下面去种。

虽然同在一片山上，种的是同样的果苗，但是由于采取的承包责任制，所以果农相互之间也存在着竞争。谁的产量比较低，公司会劝说他们自动离开，让更有技术的农户过来。客观地说，这个淘汰机制并不残酷，而是市场竞争的必然选择。

褚时健的利农原则是，事情做好了，每个人都能分享到利益，因此他对果农从来都是很大方的，甚至他还很自信地表示，即使只给现在的一半工资也还是有人愿意干，因为每一年果农得到的回报都在增加，他们从付出中看到了结果。所以，现在有越来越多的人找到褚时健种植橙子，甚至有一些人还在荒芜的山上盖了小楼，可见褚橙的品牌知名度已经得到了当地农户的广泛认可。

粗略统计一下，跟着褚时健一起干的果农，年均收入最少的能拿到五六万，多的能达到 10 万元左右。如果不种植橙子而是种植甘蔗和其他农作物的话，一亩地的产量也就是 3—4 吨，如果碰上干旱的季节，产量还要下降一半，所以和种植冰糖橙相比，收入一下子就拉开了。

褚时健觉得，在经济大发展的时期，只有大家受益社会才能稳定下来，人和人之间的差距也必须要体现出来。懒人就只能受穷，而勤快的和有头脑的，没理由不致富。虽然各行各业都存在着不公平竞争，但是在褚时健的果园里，竞争机制也好，财富分配机制也好，都是得到农户认可的，是相对公平的。

事实上，当褚时健在建立他的“褚橙世界”的游戏规则时，也是对过去不公正待遇的一种“自我纠正”：我要创造一个相对公平的体制，避免在不公平体制下犯错者的出现。褚时健始终认为，不管是政府还是企业，都应当给老百姓或者员工以关照，只有给了他们公平竞争的机会，他们自然会有努力的动力，也就会给国家和企业以相应的回报。

尽管这是一条朴素的真理，但是却常常被一些人忽视。也正是褚时健采取了这样的激励法则，让农户的生活发生了翻天覆地的变化。曾经他们有些人还是衣衫褴褛，而现在却改善了生活。不少人去镇上考了驾照，买了小汽车，手头宽绰的买个七八万的，手头紧一点的也能买个三四万的。

虽然今天果农的生活是不错的，但是在他们刚和褚时健一起创业的时候，还是比较艰苦的。那时候刚刚种上了树苗，树苗十分细小，比烟粗不了多少。第一次种植的时候只有700多亩，果农们也很清楚，橙子是一个挂果时期很长的品种，所以大家都耐心地等待。在这个漫长等待的过程中，果农需要做的事情就是修剪枝叶，这是为了让果树有着充足的光照，否则果树的生长不会太好。修剪枝叶是一个需要长年累月做的工作，果农几乎一年到头都在从事着这项单调乏味的工作。

在褚时健种植橙子之后，对整个新平县的经济带动作用是很大的，由于之前的橙园是种植甘蔗的农场，路况非常差，不过在褚时健来了之后就对路进行了重新的翻修，此外还解决了引水上山的问题。有人因此常常感叹，如果褚时健没有来这里开发，恐怕哀牢山还是一个需要大集体劳动才能开发的时代，经济也不会繁荣起来。难怪有很多果农一提起褚时健就竖起大拇指，说他是一个真正为人民服务的人，为当地的老百姓做了很多实事，毕竟褚时健要是靠他过往的名声也一样能活得很好，而且他这个年龄对金钱早已看淡了，褚橙的最大受益者之一就是这些果农了。

为了方便大家的生活，褚时健给每家农户都安装了太阳能，让他们能像城里人那样滋润地活着。另外，褚时健对果农的承诺向来很讲信用，从来不会拖欠大家的钱。所以果农总能在春节前收到钱。不过在平时，褚时健很少这么大方，原因不是因为他抠门，是由于怕生活费给得多了，有些果农会乱花钱。

随着褚时健承包的土地越来越多，跟着他一起干的果农也逐渐增加，果农的孩子们也就多了起来，他们通常在嘎洒镇上的小学里住校念书，每个星期五被家长接回来。于是在褚时健的橙园里，不仅能看到从早到晚忙活的农户，还能听到孩子们清脆的歌声和嬉笑声。

橙园，正在被褚时健打造成一个农户的生活家园。

褚时健对农户有着严格的奖惩机制，一般在临近春节前的七八天里，褚时健会让公司召开年会，杀鸡宰羊，有时候来不及了会直接买些东西回来。通常，这样规模的大会一年集中召开一次。在年会上，褚时健会让那些产果子多的果农上台给大家分享一下经验，并说说他们的感受。此外，对产量高的果农，褚时健还会拿出一笔钱对他们进行物质奖励，对奖金也是有着严格的划分的。打个比方，如果一个果农能拿到 500 块钱的效益奖金，那么在年会上得到的奖金差不多就有 300—400 元。由此可见，褚时健在物质奖励方面是非常大方的，也是很人性化的。

褚时健就是将企业的管理机制引入了传统的农业生产活动中，他要给农民加入一针“兴奋剂”，让他们看到希望，让他们得到实惠，这样一来，他们才会充满凝聚力和战斗力，才能种植培育出更多更好的褚橙。

在褚时健的引导下，种橙本身就变为了一个活生生的励志故事。也许，这就是褚时健历经多次人生磨难都能挺到最后的精神动力——要励志，要活下去，要成就自我。

高标准严要求

当年在玉溪卷烟厂，褚时健将香烟的品质放在第一位，所以他不惜重金购买了进口设备，同时还将烟田当做“第一生产车间”，牢牢把控烟草原料的质量。不难看出，“重质”的经营理念，让褚时健的企业充满着后劲十足的驱动力，当这种对质量近乎苛求的状态积蓄到一定程度时，其企业品牌的锻造、企业文化的培养、企业产值的增收，将在瞬间爆发出来。

这就是褚时健蓄势待发的人生信条，哪怕他身陷囹圄，他也依然在积累；哪怕他刚从高墙里面走出，也在积极寻找新的目标。褚时健，就像一张蓄满力量的强弓，给他一支利箭，就能劲射千里，震慑八方。

褚时健选用的果苗，是云南的宽皮蜜桔，是全国最早的品种，每一个地方的种植品种都不太一样。比如在广西有沙田橘，江西是脐橙为主，都要根据各自的特性而来。

在果农当中，分工是非常明确的，除了大部分侍弄果树之外，还有一些人是专门从事后勤工作，比如做饭、开拖拉机等等。为了提升工作效率，果农们承包了物流公司，专门负责将橙子从山里运到玉溪进行分拣。为了将果树种好，果农和褚时健一样耗费着精力，不断解决出现的问题，比如农药能否将虫子杀死，水质能不能确保果实正常生长等等。

褚时健对果树的要求是很高的，他让果农将果树控制在一定的高度之内，因为太高了不容易操作，也会封头，所以就将超出的部分剪掉。通常果树的高度为一米四左右，比湖南重庆一地的果树要高。此外，褚时健对果树的种植密度也有着严格要求，所以他的果树密度很高，能够达到每亩地4吨多的产量，也高于其他地区。

在很多果农看来，褚橙卖得这么好，理所应当涨价才对，但是褚时健对这种无原则的涨价并不同意，他觉得差不多就可以了。

由于大部分果农所受教育程度不是很高，而且各方面的意识要差一些，所以经常会出现和褚时健的指导方针违背的情况，为此褚时健和果农之间总会有一些小矛盾。毕竟果农来自四面八方，思想认识不统一，价值观也不一样，所以在刚开始磨合的时候避免不了吵嘴。

另外，一些果农喜欢在工作的时候喝酒，多少影响了对果树的种植和培养，所以褚时健作了规定，让他们不要在上班期间喝酒，为了加强执行，褚时健采取了扣钱的办法，最早是罚一百，这才慢慢刹住了这股歪风邪气。不过也有一些工人表面上服了心里却不服，总觉得褚时健没有权利管他们。随着时间的推移，大家也有慢慢理解了褚时健的用心，知道加强管理正是提升效益，而效益是和果农自身的利益息息相关的。

其实，褚时健很少发火，只是在面对必须要指出的问题时，才会说上一两句。

在日常采摘的时候，为了区分不同农户家的橙子，通常要集中采用封条密封起来，如果被打开过，就说明不是从山上的橙园里拿到的，如果发现了错角或者弄歪了，果农就必须要重新进行处理。褚时健之所以对密封工作如此重视，是不想让质量好的橙子和质量一般的橙子混在一起，更不想让产量高、质量好的果农被那些各方面都一般的同行“滥竽充数”，这也是他进行年终奖励的一个测评来源。

通常在采摘橙子的时候，为了确保其新鲜度，果农都是在成熟三分之二的时候摘，一棵树上成熟的摘下来几个，根据成熟标准进行采摘，否则有些橙子会很酸，影响味道。当然，为了确保不出差错，褚时健都会让人先化验再统一采摘，保证褚橙的品质不受影响。

在果农看来，褚时健是一个很朴实的人，他之前在做烟草的时候，也致力于发展第三产业，比如投资水电站和水泥厂什么的，也是一个喜欢为国家和人民多做点事情的人；然而褚时健又是一个低调的人，他不怎么喜欢接受采访，除了必要的商业宣传之外，他绝不会主动让谁在媒体上报道自己。在褚橙名扬四海之后，不少人过来采访褚时健，甚至还出动了直升飞机，有的时候拍照录像的会达到几十辆车，然而褚时健还是很少露面，有时候反而是马静芬更主动一些。

每年的采摘工作完成之后，果农接下来做的工作就是清园。到了冬天，果农要打药，而这些药剂都是他们自制的农药，不仅价格便宜而且效果也非常好。此外，他们还要进行修剪枝叶，将凡是结过果的枝条都要剪掉，最后才是施肥浇水。到了春天，果农们还要继续施肥，确保土地的营养含量达标，同时也要防止病虫害。

可以说，橙园里的这些果农们，一年四季都始终处于一种忙碌的状态之下，不像东北有“猫冬”的季节。只要果树开花了就要保花保果，还要壮果防治病虫害。山上曾经出现过果子品质比较差甚至还有烂果，通常遇到这种情况，褚时健的命令就是扔掉，绝不会低价卖出去砸了褚橙的牌子。

褚时健开始种植褚橙的时候，是他从人生巅峰跌落低谷的最艰难的岁月：遭遇牢狱之灾、女儿自杀……然而种种打击都无法将褚时健彻底摧毁。在褚时健身上十分显著地体现了一种企业家最需要的素质：敢于正视现实并且击败它。褚时健的远景目标是，将褚橙做到中国乃至世界第一，甚至要超过美国的新奇士。

美国新奇士种植者公司是在1893年成立的，它的原名叫做南加州水果与农产品合作社，是世界上历史最久、规模最大的柑橘营销机构。新奇士成立的基础，要追溯到一个多世纪之前。和很多食品公司的区别在于，新奇士由加州与亚利桑那州等六千多个柑橘种植者共同持有，而这些人中的大部分基本是小型的个体果农，其中包含了将近2000人专门种植柠檬。新奇士果农一直将新奇士柳橙、柠檬和葡萄柚等应季产品销售到世界各地。

新奇士橙产地是美国的加州，它是一种比较高级的进口水果，经历了十分严格的筛选和包装，它的品质相对其他水果而言是非常统一的。如果单从外形上看，新奇士和其他一般的橙子没什么两样，顶多是在个头上更大一些，然而它的颜色比较鲜艳，气味也更加芬香。新奇士甜橙的最大卖点是，它的果肉多汁而且非常香甜。此外，新奇士甜橙的一大特点是，比较适合切开食用，当然也可以制作成果汁冷饮进行食用。

如果仔细观察新奇士甜橙的话，会发现它的橙果呈一种圆形和长圆形，油胞凸起，果皮很难轻易剥开，不过这种橙子通常没有什么苦涩的味道，它的中心柱比较饱满，汁味甘甜并带有着一股香气。

应该说，新奇士甜橙的营养价值是很高的，它含有大量的糖和为数不少的柠檬酸，以及钙、磷、钾、β-胡萝卜素、柠檬酸、醛、醇、烯类等物质，同时也储存了相当丰富的维生素C，所以无论是食用价值，还是口感都是很出色的。除此之外，新奇士甜橙还含有维生素P，有着相当高的医药价值。另外，新奇士甜橙还有一种独特的药用功效，那就是可以抑制或者减少胆结石的发生，还能够降低患心脏病的可能。

如果是比较新鲜的新奇士橙，不需要将其切开，仅用手指掐入橙皮就可以闻到一股淡淡的果香气味，如果是用刀切开的话，立即会闻到一种让人垂涎三尺的浓厚香气，据说马上就可以让人神清气爽。经常食用新奇士甜橙的人都知道，这种果子具有生津止渴、开胃下气的作用。如果是正常人在饭后吃一个新奇士橙子，或者是喝下由它榨出来的橙汁，就有着解油腻、消积食、止渴甚至是醒酒的功效。

总的来说，新奇士甜橙的营养非常丰富而且全面，是一种老幼咸宜的水果。

虽然新奇士甜橙名气不小，但是褚时健却始终认为，新奇士的外表虽然看着好看，但是口感并非是像人们所说的那样一流，而且其价格还十分昂贵。所以褚时健经常对员工说："现在还不能得意，如果哪天橙子的外表、口感都超过了新奇士，那才是真正的牛。"这就是褚时健的思想：干什么都要争做第一，绝不落在后面。

深入一线管果园

褚时健对现代化农业的探索，让他的褚橙庄园展现出一种浓厚的现代化农业气息。山的两侧，盘山修建出了两条水泥通道，全长大概在 120 多里。为了方便人们寻找进出口，在路的两旁还安装了路线标识牌。这两条道路一出一进，即使在收获的季节，也不会因为进出汽车太过频繁而产生交通拥堵现象，整个庄园的路况井然有序。

在道路的两侧是按照等高线全面使用机械化开挖的林地，平均每亩地种植 148 株果树。为了确保果树的营养充足，果树的株距和行距被控制在 2 米和 3 米——太密了影响生长，太稀了浪费土地。如果按照一户农户有 2 人来计算，根据片区管理户数，庄园里相应配套了农户住房和沼气、厕所、猪圈，先后投入 68 万元资金，最终修建了 130 套农户住房，总面积达 4200 平方米，另外还建成了“三配套”的沼气池 138 个。

褚时健要求果农尽可能地使用沼气，因为成本很低，也相对更环保一些。此外，果农在管理果园的时候，会在地埂上种植红薯等作物，同时饲养猪鸡，将生产的农家肥和沼液沼渣倒入果园里，目的是为了增加果园的肥源。在使用了褚时健自己调制的肥料之后，山里的土壤结构发生了变化，也让冰糖橙的甜酸比例达到了 18:1，这个酸甜比在其他橙子上很难见到。

在褚时健的果园里，农业绝不是那种靠天吃饭、一窝哄的传统产业，无论是生产生活，园区中的一切设置包括果树的生长，都是根据严格和精确的数据计算来支撑的，这就是褚时健一直在倡导的“用技术赢得市场”。这种一贯作风，让褚时健所规划的每一个步骤都井井有条。有人认为褚时健这样做事太认真了，褚时健的解释是：“做事情的规律，认真就做得好，要下工夫，要认真。”

虽然年事已高，但是褚时健在管理果园的时候还是会亲力亲为，他就像一个精神领袖，牢牢地掌控着这片山林庞大的运转体系中的每一个环节。就拿购买树苗来说，前期的考察褚时健亲自去看，在买回来之后，褚时健还要紧盯着员工下苗、搬苗，移栽进土里，从早上到晚间20点。有些工人觉得不太适应，就抱怨说，不管做什么事都得在褚时健的眼皮下进行。

其实，褚时健不是怀疑员工会偷工减料，而是放心不下，他对果园的关注就像是对自己的孩子，每一个过程都想参与进来，而正是这种认真负责，让褚橙从种植到销售都处于良性运转的过程中。

褚时健为自己的冰糖橙种植制定了很多细致的工序。有时候为了提高橙子的品质，必须要摘掉一部分果实，有时候因为树长大了，由于生长的空间有限，树和树之间会争夺阳光和养料，所以必须砍掉三分之一……以上这些措施，都能够提高橙子的品质，却会减少橙子的产量。这样一来，一些农户就会觉得十分可惜，但是却无法违抗褚时健的命令，因为他们的工作属性就是执行和服从。

每年的3月，是果树保花和灌溉的重要阶段。果树的产量多少，主要和它所接收的阳光照射息息相关，而剪梢的作用就是增加果树的受光度。对此，褚时健有着自己的“剪梢心经”：剪开了，光照足了，果树就会稳产。很少修剪，大小年就严重，有的高棵矮棵的，平均下来产量就不行。

阳光是确保果树能否健康生长的首要必备因素，所以，褚时健总是想方设法地改进剪梢方法。如果在3月去褚时健的橙园参观，你就会看到一些年初刚剪过树梢的橘子树，树梢并不整齐，有高有低，错落相间。之所以会出现这种情况，是因为褚时健去了外地进行考察，发现每个地方的修剪轻重都不一样，原因是每个地方的日照情况也不一样，所以没办法直接照搬照抄经验。

为了找出最适合哀牢山的剪法，褚时健和技术员经过讨论，让每个人根据自己的想法，修剪4~5棵树，而褚时健本人也会想出一种剪梢方案让技术员帮助修剪。最后，通过定期来查看这些试验地里不同剪法的果树开花和挂果的情况，根据年底的产量和综合评估，其中表现最好的就会让果农学习。

从玉溪到嘎洒，沿途的风景可以说是千变万化。小块的梯田，零散的芭蕉树，遍布路旁的枯黄杂草，还有一大片形似刀叉的甘蔗林，以及像被火烘烤过的山地。

为了让树木尽可能多地获取营养，褚时健的果园里，最高的树木也只有一米四左右，所以站在远处几乎会看不到。对新加入的农户，褚时健总会叮嘱各种生产的细节：把地弄得平整点，赶紧种黄豆，用做绿肥；在果苗根部覆盖着枯叶，以保持水分，但同时也要小心下面藏着的看不见的白蚁……褚时健就是以一种技术员的姿态奔走在园区中，让他的橙园处处体现出一种现代化农户联合大生产的新气象。

的确，十几年的积累和摸索，已经让褚时健变成了一个地地道道的冰糖橙技术专家。一位从事了20年果园专业的技术员说，他的经验和知识根本比不上褚时健。

曾经有一位昆明的经销商，邀请褚时健去他的水果超市了解市场，特意将店里的一种每斤只卖1块钱的广西橙子给褚时健吃，然后对他说，这个广西橙子价格比褚橙便宜好几倍，而且非常甜，所以要进褚橙的话应该拿点回扣才合理。褚时健当时没有正面答复，而是侧面告诉经销商，橙子不是越甜越好，要让酸度和甜度保持在一定的比例才行，而褚橙正是水分充足、皮质松软，单用手就能剥开。这些才是它区别于其他水果的卖点。

褚橙的保质期一般都不是很长，这是因为没有采用单果包装的体制，之所以没有采用这种方式，是因为褚橙好卖。换做是其他果子，基本上必须要采用单果包装，不然一个果子坏掉了之后会产生大量的霉菌，从而影响到其他果子的保鲜度。至于为什么会腐烂，除了时间上的影响之外，主要是果农在采摘的时候会用机械、指甲碰到或者挤压到橙子，从而让橙子“患病”。

由于褚橙的大卖，导致很多地方供不应求，所以褚橙的采摘期一般是在 40 天左右，最长也不过 50 天，一旦过了这个期限还宣传着是褚橙的，那一定是冒牌的。为了防止假货的出现，褚时健购买了一个价值达 20 多万元的打码器，在橙子的包装上进行喷码。可没想到的是，由于褚橙的大卖，很快在市场上就出现了仿造者。后来在湖南等地就发现了不少人弄来了褚橙的包装箱，然后装了当地产的橙子贩卖，大赚了一笔钱。

那么，这些包装箱子是怎么流入市场的呢？情况是这样的，有人在盘溪一带专门做这个生意，负责回收褚橙的包装箱，回收价格在 5 块钱到 10 块钱左右，然后再卖给其他的果农。也正是这个原因，导致褚橙打假非常困难，因为包装本身是真的，而里面的橙子一般人很难鉴别是不是真的。

冒牌“褚橙”的出现，也是褚时健无能为力的，因为包装是真的，橙子的味道对于没吃过的人来说也难以鉴别。他目前能做到的，就是尽量规范经销商的行为，尽可能地避免假冒褚橙的情况发生。当然从另一个角度来看，假褚橙的出现，也恰恰反映了真褚橙的炙手可热。

让利百姓

由于橙园的归属目前并不明确，所以褚时健一直在小心维系着周边人际关系的和谐，让褚橙从种植到产收始终处于无干扰的环境中，也让他的晚年创业生活尽量避免冲突和矛盾。当然，山脚下的新寨村村民，原本就是带着怨气看着橙园一天天兴旺发达起来的，而他们从中获得的经济利益也少之又少，所以心中难免有几分抱怨。现在，橙园差不多每年需要散工 10000 人，日工资也从前几年的二三十块钱涨到了五十块钱。然而，由于对散工的技术要求比之前更细致了，所以新寨村的村民还是无法从橙园中赚到什么钱。

由于橙园不仅需要大量的土地，还需要大量的水。通常到了每年 3 月份的时候，就是云南当地雨季和旱季的过渡阶段。这个时候可以说是山穷水尽，因为当年的用水一般是从去年 5 月到 10 月储藏的雨水，在经历了整整一个冬天之后基本上都会用光。加上又逢农村的插秧季节，所以一旦缺乏水资源将会给春耕带来很大问题。

2009 年大旱的时候，褚时健投资 60 多万元购置了抽水设备，将嘎洒江水硬是引上 350 米高的山上，尽管如此，他们还是面临着缺水的严峻情况。一旦赶上果园灌溉，而每户果农承包的土地又有两天的灌溉时间，所以很难将果树浇透。

也正是这个原因，才让褚时健对水源问题十分关心。在园区的设置中，水利设施是最花钱的。在褚时健来之前，橙园采用的是最早的喷灌方式，老的橙子基地——华宁，曾经是用沟灌的方法，后来才跟着褚时健一起，采用了更节水、更具有利用效率的喷灌方式。

很多人都认为，褚时健对水资源的问题是非常具有预见性的。当初山上只有一根从棉花河里接出来的引水管，但是褚时健看了之后，认为一根不够，又增加了两根。与此同时，他还将山顶宅子前的水塘扩大了将近一倍的面积，目的就是为了在干旱的时候储存水源。

现在，橙园在棉花河中的取水点是在一个距离山脚差不多有十几公里的村落，名字叫邦迈。为了方便使用，褚时健将引水管沿路的所有大规模的鱼塘一口气都承包了下来，所以到了每年的丰水季节时，引水管总是先将路边的水塘灌满。尽管每个水塘的水量不多，然而在进入 3 月之后，云南的雨季就会不定期地到来。通常储存的水源差不多可以挺个一两天，而这短暂的几天往往就能派上大用场。

尽管在今天看来，这些引水储水设施没什么大不了的，但整个系统工程的完工，需要很多年。在 2009 年云南遭遇那场百年不遇的旱灾时，山下的农民不得不出去抬水喝，村子里不得不接通 6 公里之外的水，但是这远远满足不了基本的饮用水需求，政府也无法解决，所以新寨村的村领导找到褚时健请他在下雨之前帮忙给百姓点水，褚时健直接就答应了。那个时候，冰糖橙也正是需要用水的时候，而褚时健却没有只顾自己，对新寨村也有着很大的帮助，所以大家都很感谢他。

虽然存在着土地归属权的问题，但是褚时健的橙园却并非是一种资本掠夺，而是一个能够造福周边农民的“绿色存在”。这在一定程度上缓解了因为土地归属问题而产生的危机。由于新寨村村民对政府处理租金的方式不满意，有人提出去山上闹事，但是一想褚时健人还不错，就没有去闹。后来，由于连年干旱，村民找褚时健想让他帮忙出30万元，对村里的水管进行改造，褚时健二话没说就答应了。为此，新寨村村民对他的评价是：说话算话，答应了肯定就会办。

现在，山坡上的树种呈现出一种层次分明的变化。在当初刚种下时，褚时健担心没有销路，为了缓解市场压力还种植了一部分温州蜜柑。现在，温州蜜柑的价格仅仅相当于褚橙的一半。不过，褚时健还是继续种植，因为蜜柑和冰糖橙的成熟期有差别，能够错开销售高峰。不过在2008年南方爆发雪灾的时候，褚时健马上叫来技术人员开会，他认为雪灾必定会对湖南的冰糖橙产量产生很大影响，所以2009年的市场会有着不同于往年的变化。于是，褚时健当机立断把果园的5万棵温州蜜柑全部挖出来，改种了冰糖橙。

那时候，山上的温州蜜柑已经挂果了，再有六七个月就能够收回来，所以一旦挖掉就等于白扔了价值200多万元的果子。所以大家和褚时健商量，是不是等到蜜柑收完这一季之后再换品种，或者只挖掉一半，尽量减少损失。褚时健想了一下，觉得时间耽误不起，就坚持将温州蜜柑换成了冰糖橙。到了2009年，南方的冰糖橙产量锐减，褚时健的橙子大卖，多赚了1000万元。

尽管褚时健的进取心永不停息，然而现在也面临着一个比较严峻的问题：果园的生长可用的土地越来越少了。虽然水塘镇一带看起来地貌繁杂，然而很多山地都已经被充分利用起来了，就连海拔1200米以上的高山上，都为了发展经济种上了核桃苗。所以，现在很难再像褚时健当年那样一下子包下两个山头的几千亩地。换句话说，如果果园要想继续扩张，只能靠和村民谈判来获得土地，不过今天的土地成本已经是过去的好几倍之多。

另外，水源也越来越紧张。虽然褚时健有引水系统，但是想在当地大规模发展果园，不仅是他，其他的农业经营者也需要通过建立水库来增加储水量。而目前水塘镇还没有一个水库。众所周知，水库的投资浩大，动不动就要以亿元来计算，财政捉襟见肘的地方政府根本难以负担。另外，由于水塘镇属于哀牢山生态区，想要拦腰切断河流修建水库也是违反法规的。更糟糕的是，现在需要水源的机构越来越多。在果园新征400亩山地的同时，一座靠棉花河用水的电厂也在同一时间建成了。

尽管橙园充满了各种危机，但是褚时健并不惧怕，因为自从他种植冰糖橙的那一天起，麻烦和困难就成了他最“亲密”的战友。他相信，只要肯琢磨肯下功夫，任何挡在他面前的障碍都终将被清除。

12 创富之道

科学管理

褚时健是一个实业大王，无论是当年的曼蚌糖厂，还是后来的玉溪卷烟厂，乃至今天的褚橙庄园，都无一例外是真刀真枪地生产和经营。特别是种植橙子的时候，褚时健的经营理念，已经明显是在探索着一种全新的农业模式，也是他在人生最后一个能够奋斗的阶段中，对自己提出的考验和磨砺。为此，褚时健拿出了实业家的办企业精神，一门心思地钻入到效益管理中。

褚时健摒弃了以往单纯生产、单纯销售的模式，而是要走一条“市场化、商业化、品牌化”的路线，让他的橙子成为一个有着一定知名度的商业标签。而且褚时健认为，自己吃到的那些所谓进口橙子，口感并非有多么特别和突出，自己有能力种植出更好的橙子将他们比下去。

如果说褚橙在刚开始推广的时候，一定程度上借助了褚时健本人的人脉、资源、名气等因素的加成，但褚橙能发展到今天这个地步，最本质的原因还是褚时健把他的企业家管理能力运用到了种植中。在这个问题上，褚时健的弟弟褚时佐和哥哥则有些不同，他还在实行着老套的果园管理制度，一如当地人所说“差别大着呢”。褚时佐的果园，果农工作和大锅饭时代没什么两样：上午七八点钟，几十名果农一拥到地里干活，下班时又是一轰而散……几十个人聚在一起，总是免不了有滥竽充数的。所以，褚时健绝不会采用这样的管理方式。

一个实业家的精神所在，就是不光是为了获得利润而获得利润，更要有一种造福社会、催生社会价值的胸怀和魄力。褚时健也是如此，他总是想方设法激励果农努力劳动，他每年付出的人工成本大概是200多万元，其中一部分是给农民的，还有就是在摘果的时候，按照公斤数量对农民进行奖励。比如在2009年，当时每公斤橙子是五毛钱，每户果农产量大概能达到四五十吨，算起来就是两万元的收入。

褚时健这种激励措施，将果农和果园的利益捆绑在了一起，所以让他们面对着一个明确的抉择：满意就干，不满意就不干。这种简单直接的方式，让农户对他推崇备至，一如当年他带着烟农种植烟草那样。

实业家的乐趣所在，莫过于此。

为了深入了解橙子的种植情况，褚时健从种植褚橙那天开始，每个月都下地8—10天，对果园管理十分细致，不漏过一个细节。要知道，从玉溪到嘎洒果园一共200多公里，都是山路，行走非常困难，即使开车的话也要3个多小时。如果褚时健打电话通知大家到果园开会，下属没有一个敢迟到的。

实业家是需要对具体事物有着了解和掌控的能力，对此褚时健做得很好，他十分了解果园每个技术员、每户农民的具体情况：谁干得好，谁存在什么问题，他都十分清楚。当褚时健来到果园之后，无论吃住都和农户在一起，经常一边吃饭一边聊天，对农户的想法和情况越来越了解。

褚橙口感不错，味道上佳，不过价格却不便宜。因为褚橙不是褚时健雇佣工人种植出来的，而是依靠合作的农民种植出来的——这就构成了褚橙大卖的两个关键点，而且这两者互为因果，缺一不可。换句话说，这两大因素让褚时健成为了一个可持续的价值链管理者。所以在市场上才出现了“一斤橙子一斤肉!”这样的感叹。

即便是如此高昂的价格，褚橙依旧是供不应求，每市斤10多元的零售价，依然存在着很大的提价空间。由于褚橙是从湖南引进过的，而现在湖南的橙农，每年都是在褚橙定价之后才确定其最终的价格，并且让自己尽可能地错开和褚橙一起上市，这一点证明了褚橙掌握了定价的主动权，而定价权意味着什么？意味着高利润。

根据估算，褚橙现在的年产量至少是8000多吨，一些媒体甚至报道说其净利高达3000万元。如果按照这样的比率来计算，褚橙的净利率已经接近40%。相比之下，根据最新的上市公司报告，银行之外的A股上市公司，其平均的净利润率也没有超过6%。

那么，褚时健为何能获得褚橙的绝对定价权呢？是因为他有着说一不二的话语权，还是因为他过往的辉煌给他带来了不容撼动的地位？显然都不是，定价权主要来自于褚橙独特的品质。众所周知，云南一直被称为“植物王国”，有着得天独厚的植物生长环境。当然，仅仅依靠自然条件，还无法种出享有定价权的好橙子。

从褚时健种橙子开始的十几年间，他领果园内的农户进行了大量的改良工作。对此，他十分明确品质和定价权之间的关系，还讲过一句话：“把品质做好最重要，市场会求着你的。”

为了控制橙子的品质，褚时健从2009年开始，逐渐将代理权收回，采取了直接对经销商管理的扁平化模式，于是产生了一种“携品质以令渠道”的模式。这个模式的好处是，能够让生产者逐步升级成价值链的管理者。

其实从这个转变中不难看出，褚时健在利用他当年在烟草业中积累的经验——玉溪卷烟厂的崛起正是由于大胆贷款引进了最先进的国际生产线。和种植烟草一样，褚时健依靠的是当地的农户，每人几千棵果树，根据公司的严格质量标准进行收购，激励农户在公司的指导下进行种植。这种科学的管理机制，有利于农民提高收入，同时也保证了果实的品质。

和褚时健的精明管理相比，近几年来牛奶公司自建大型牧场导致出现了奶农被迫倒奶杀牛的情况，结果被业内称之为“没有农民的农业”。毫无疑问，这种现象和背后隐藏的管理机制，都预示着其脆弱不堪的生命力。褚橙能够得以生存的原因是，它是由农民亲手种出来的，褚时健是帮助农民致富的价值链管理者，而不是和农民争夺利益的价值链占有者。正是基于这种原因，让褚橙具有着相当大的商业价值。

对于褚橙的别称“励志橙”，其实在每个人的心目中也有着不同的定义。有人认为，境遇不同的企业家会产生不同的感悟，那些正在困境中摸索的是一种感受，那些放弃实业选择金融赚快钱的则是另一种感受。虽然不同的境遇造就了不同的感觉，但有一点是共同的：人生的波折是一种常态，企业家精神是可以一以贯之地坚持的。

2010年，中国烟草总公司实现了净利润1177亿元，出现了一批超高档的天价烟，支撑了中国烟草的千亿利润。在这种巨额的利润之下，中国烟草总公司除了跟神华进行合作之外，还将触手伸到了煤炭行业和房地产业。

2012年，兴业银行在其增发的新股认购书上，印出了中国烟草公司的名字。从这个事件可以看出，中国烟草公司的投资原则就是哪儿赚钱就投到哪儿，这种获得财富的方法和褚时健二次创业选择果品种植业，显然不是一条路子。

的确，橙子的利润和烟草简直没有可比性，然而褚时健选择将生命中的最后阶段定格在农业上，是经过了深思熟虑的，他想通过自己的摸索和努力去寻求一种全新的农业模式。因此，很多人将褚时健看成是一个标准的技术型企业家：有着极强的学习能力，严格要求技术，力争提高产品质量，脚踏实地地做事，这些都展现出一个企业家的实业精神。

事实正是如此，做企业就要实在一些，所以褚时健和那些追求金融泡沫的企业家相比，走的完全是不同的两条道路。那些和褚时健同时代的或者紧随其后的企业家，很多都和他走着相反的道路：或者过早陨落，或者放弃实业转而投身房地产、金融业，去追求高利润。其实，褚时健到了这个年龄，钱对他来说已经没有什么实际意义了。他所追求的，正是一种自我超越的成就感和探索发现的使命感。

问道橙王

很多人在水果超市里常常见到这样一幕：进口的猕猴桃和国产的猕猴桃放在一起时，无论从外表上还是口感上相比，其实差距并非那么大，然而价格却相距甚远。为何会产生这种现象呢？难道中国的水果就那么不堪入口，外国的水果就好比是王母娘娘的蟠桃一样值钱吗？

答案当然是否定的，实际上中国本土的优质水果数不胜数，然而却经常遭遇“烂在枝头，烂在地里”的惨状，甚至有的因为一个捕风捉影的谣言就会全军覆没。

然而褚时健的橙子却火了，而且这种热度有增无减，褚橙不仅是橙子中的精英，更是水果界独一无二的王者。

褚橙到底是不是中国最好的橙子，这个恐怕不好妄下断言，但的确是中国卖得最好的橙子。每年，褚橙不出云南省就会被抢购一空，在褚橙进入北京之后，很多人一下子想起了当初红塔山横空出世时的热闹景象。

褚时健跌宕的人生经历，确实是一部响当当的励志史，然而为什么褚时健的橙子卖得这么好呢？要知道，现在很多果农面临的绝不是供不应求的热闹场面，而是屡屡遭遇“好收成烂行情”的残酷现实。因此，褚橙的大卖，是一个值得追问和深思的话题。

其实，褚橙的走俏，主要赢在五个方面。

第一，赢在质量。褚时健的橙子，凝聚了这个老人的大量心思和心血，不管这个橙子借助了他多少名气，可以肯定的是，如果是又酸又涩的橙子，即使褚时健有再多的传奇经历，也不会有几个人去买，更何况，褚时健在一开始种植橙子的时候怎么可能会料到能卖得如此火爆呢？所以，橙子的味道是关键，是打动人们的第一要素。

由于褚时健种橙子使用的是山泉水，而肥料是烟梗等有机肥，没有一丝一毫的化学成分，所以是绿色健康的。为了保证橙子的口感，褚时健几乎拿出一年中的三分之二时间扎进了果园，全身心地研究种植橙子的技术，谁家的果子掉落多少，谁家果子结得最好，哪怕是具体到哪一棵果树，褚时健都记得门儿清。品烟懂烟，种橙懂橙，褚橙就是褚时健采用现代农业科技和管理的结晶。

吃过褚橙的人都会有这样的感觉，这种橙子其实外表看起来和别的橙子没什么区别，甚至更显得有点普通，通常为拳头大小，表皮还带着点青色，论卖相或许不是橙子中的“明星”。然而当你一口吃下去的时候，就会马上赞不绝口，因为它的口味非常适中，让甜度和酸度维持在一个黄金比例之中，是货真价实的大甜橙。很多人都表示，吃完褚橙之后，总有一种欲罢不能的感觉。

有些人喜欢褚橙，也知道它的价格并不便宜，可即便如此，市场上也很难买到，通常只能提前预定。所以有人开玩笑说，褚橙简直相当于水果中的 iPhone 手机了，不排队耐心等待，很难吃到新鲜的。用网友的话说，吃褚橙是“品甜中微酸的感觉，犹如人生”。

第二，赢在品牌效应。褚时健当年起的“云冠冰糖橙”的名字没几个人记得，反而记住的是“褚橙”——褚时健种的橙子，这自然是一个非同小可的别称。毕竟在中国几乎没几个人不知道褚时健的，更不要说他的家乡云南了，甚至现在的百度百科里，都有专门介绍褚橙的词条：褚橙是冰糖脐橙的一种，云南特产橙类，以味甜著称。以褚时健之名而进行营销的橙子，效果会不惊人吗？

褚时健利用市场经营中最基础的品牌概念，为他的橙子打造了一个响亮的品牌，由此获得了品牌溢价，让褚时健不仅赚到了钱，更让给他种橙子的果农提高了收入。这是一种绝对的双赢，也是工业跨界到农业成功的关键步骤。

第三，赢在故事。褚橙卖的是什么？不仅仅是一枚橙子，也是一个充满励志精神的故事。它之所以被人们称为励志橙，这其实是悄悄将褚时健坎坷的人生经历融入进来，体现了他坦然面对挫折、不畏艰难、斗志不死以及东山再起的顽强意志。抛开褚时健入狱这一段不说，单就这种跌倒了还能爬起来的精神，正是时代所缺乏的，也是中国企业家需要的一种基本素质。难怪连柳传志都说过，如果是他遭遇了和褚时健一样的经历，可能就是随便干点什么，不会去搞这样的一次伟大创业。所以每一个买到褚橙吃到褚橙的人，都会不由自主地联想起褚时健，下意识地会激励自己去拼搏和奋斗，而且会愈挫愈勇。从这个角度来看，褚橙的味道自然是别的橙子无法比拟的。

褚时健尽管本身处于各种舆论的漩涡之中，但是他的东山再起是得到了很多人的声援和支持的。难怪有人说“每一个橘子里都写满了褚时健的故事”。事实正是如此，和其他那些不法的商人相比，褚时健对财富的追求是光明正大的，不像一些人赚起钱来总是藏着掖着，生怕露富或者露俗。褚时健的坦诚和直率，让人们看得清清楚楚。

第四，赢在渠道。褚时健是一位出色的企业家，也是一个精通商道的能者，他不会像普通的果农那样，将自己种植出来的橙子简单地拿到市场叫卖，或者等待客商上门收购，而是取消了一切销售的中间环节，让经销商直接和公司签订购销合同。当褚橙这个品牌做大之后，再依靠强大的电商力量向国内其他市场乃至全世界进军。

第五，赢在情感。褚时健是一个对农民、农村和农业有着深厚感情的人，无论是早年种植烟叶和烟农打交道，还是现在种植橙子和果农打交道，他都能以极强的人格魅力感动大家。难怪当年在他出事之后，有关部门向烟农搜集证据的时候，朴实的烟农居然说，褚时健欠你们多少钱，我们给凑凑。能够得到人们的这种认同和保护，绝非一般企业家能够做到。

据说一直流传着这样一个传闻，说是国内有一家实力雄厚的投资公司，专门派人过来找到褚时健，询问他有没有兴趣上市，因为这家公司有运作果园上市的经验。原本以为褚时健会答应，却没想到他一口拒绝了，对此褚时健的解释是："没得这个心肠跟他们玩。我 84 岁了，管不了几年，以后交给我外孙女和她丈夫。说实话，他们管管销售还行，但还没掌握种植技术，上了市，我倒是拿了钱，只怕亏了股民。"

就是这样一段朴实无华的话语，让人们看到了褚时健不搞投机倒把的做人原则和商业底线。所以这个段子流传之后，句句戳中消费者的内心，引发了人们的广泛共鸣。

与其说褚时健将橙子种出了效益和收入，不如说他将橙子种到了人们的心里：有关励志，有关人生，有关农业，有关未来。可能，这就是褚时健让人敬仰的原因之一。

营销模式革新

越来越多的人认为，褚时健的橙子借助他的品牌效应，借助电商营销的翅膀，从而更加如虎添翼，很有希望成为中国橙子的第一品牌。褚橙能够赢得这么大的名声，除了褚时健个人的声望之外，还有哪些因素促成了它的火爆呢？进一步说，别的农产品能够像褚橙一样有复制的机会吗？

当“褚橙进京”成为2012年的热点新闻之后，不少财经媒体都对其进行了广泛的关注和分析。现在，“褚橙柳桃潘苹果”更是运作得炙手可热，大家对这种大佬们涉足农业的事情十分关注，也引发了一连串的大讨论。

不言而喻，传统农业存在着三个痛点：流通、营销和信誉。换个角度来看，这也恰恰是新兴产业比较容易做好的三个方面，比如互联网公司，它们几乎都可以从这三个方向入手。一旦成功地解决这三个问题，想做好一个新的农业品牌并非难事，而利用品牌赢得高溢价的方式很容易会变成现实。既然如此，以互联网的方法来运作农业，真的能将农业带到一个可以获得新生的环境中吗？

互联网思维的一个特点或者说是习惯是，对传统的东西一直保持着鄙视的态度。认为那不是高大上，而是“红配绿”的土老帽，甚至有种意欲将“传统”踩在脚下的冲动，似乎不这样做就不能显示出互联网所谓的“先进性和优越性”。

褚时健到底对互联网了解多少，可能不会特别多，因为他自己说过不会投身这一行，因为他是一个不擅长玩概念的人。但是有一点可以肯定，褚时健对传统农业有着一定的了解。那就是看到了传统农业的惨状。

这个惨在哪儿？不是惨绝人寰，而是惨得让人费解。比如，在国内越是偏远山区之类的地方，自然环境保护得越好，民风朴实，农产品有质量保证，而且价格还很低廉，可最终的结果是什么呢？那里的农民并没有因此致富，反而变得越来越穷。相比之下，不够偏僻的农村或者城市，环境相当差，产品也贵得离谱，质量往往不怎么样。

在这种奇怪现象的作用下，中国的农产品面临着三个让人困扰的问题：第一，有些东西你没听说过；第二，你听说过但是买不到；第三，你听说了，也能买到，但是没胆子吃。

为什么会造成这种现象呢？是因为以讹传讹的惊人破坏力还是对边远地区的偏见？都不是，这是由于信息不对称造成的。而能够根治这个信息不对称的方法就是借助互联网的力量。

比如褚时健种植的冰糖橙，的确是大家都知道的东西，也都敢吃，但是要论人气的话还是缺了点东西，是什么？无非是一种基于营销手段的宣传而已。所以越来越多的有识之士看到了这个问题的严重性，于是就借用互联网对传统的农业进行改造，由此便让人们看到了三个被人口口相传的产品出现：褚橙、柳桃、潘苹果。

这三个果子是从市场上的小贩口中听到的吗？不是，是大家从以微博为主的网络媒介上得知的，人们也由此知道了三个果子背后的三个名人：褚时健、柳传志、潘石屹。如果去掉这三个人名，橙子、猕猴桃和苹果，那简直太司空见惯了，怎么炒作都是水果而已。然而加入了人物的品牌效应之后，橙子、猕猴桃和苹果，都和励志和成功挂上了边，吃起来也似乎更有味道了。

其实，正是从这三个“神果”的爆红可以看出，中国传统农业存在着两个比较致命的弱点，一个是农产品缺乏品牌化，另一个是农产品附加值不高。

什么是品牌化？当你想不出中国有多少个农产品品牌的时候，就暴露出了这个缺点，什么阳澄湖大闸蟹还是新疆大枣，它们代表的只是地域性的产品而已，并非是像褚橙这样的品牌。

中国很有意思的一个现象是：虽然地大物博物产丰富，但是很多农产品却处在销售原材料的阶段。缺乏品牌意识，缺乏好看的包装，缺乏分级制度，往往是走量而不走价，效益十分有效，品牌溢价就更谈不上了。

也正是因为没有品牌化，所以农产品在营销推广方面，也就显示出了极大的孱弱：很少做广告，没有让公众认可的品牌，当然这其中的原因并非是缺乏营销意识，是缺少资金，而缺少资金又是因为自身经济效益过低造成的。

相比之下，酒类、保健品和化妆品的广告却不胜枚举，这是因为它们的利润很高，也诞生了很多知名的品牌，所以有着足够的溢价能力。

不过，没钱不要紧，只要找到合适的推广手段，一样可以赚钱的。不做实体店的小米不是火了吗？农产品如果活用互联网思维，同样可以赚到钱。这也是褚时健为什么在二次创业之后，果断地选择了电商营销的主要原因。毕竟，褚时健接触这一行太晚了，不像他在烟草业中那样积累了丰富的人脉和资源，所以他最终抛弃了传统营销的方式，转而采用电商营销。而在这条路上，褚时健看到了两个优势。

第一个优势是，农产品可以讲故事。差不多每一种农产品，都有着其独特的地理条件，一方水土养育一方人，所以同样会孕育独具一方的特色产品，这其中所包含的地理条件、人文背景、产品知识以及历史典故等，都可以让农产品具有差异化优势，借助社会化媒体的传播特性，会很快地在各个圈子里掀起营销风暴。

褚时健很可能已经预见到了，农产品的品牌化是必由之路，所以他们离不开各种新媒体的支撑，纵观褚橙、柳桃、潘苹果，都是借助微博和微信进行传播和造势的成功案例。所以从目前这个趋势来看，今后会有更多的人为家乡或者特色农产品代言，这样一来，社会化媒体将很可能变成农产品营销的新战场。

第二个优势是，付出的营销成本较低。随着社会化新媒体的不断发展和通讯工具的日益进步，农产品会得到更多便利的营销入口，比如微博和微信以及 QQ 等，这些都是免费的资源，只要投入一些时间和心思，就会跟消费者建立起信任关系，进而扩大营销成果。

互联网营销的另一个好处是，能够创建相对透明的供应链体系。比如现在最流行的“扫一扫”，就是让一个简单的二维码成为了识别所购商品真假、价格高低的重要参照物。如果将二维码应用在农产品上，让消费者通过手机扫描就可以查出产品的产地、耕种或采摘等信息的话，会让消费者拥有更强的购买黏性。

当然，二维码本身也是个新兴事物，出于发展之中，自身也存在着一些问题。但是从长远的角度来考量，二维码依然有着广阔的发展前景。毕竟，企业是信息的生产和传播者，需要一定的监督和约束，也需要由此建立起一种透明的供应链体系，只是这个过程需要时间，也需要更多人的共同努力，才能打造一个和谐的产业环境。

褚时健看到了，如果能将传统农业和互联网营销模式巧妙结合的话，在这种利用互联网技术对农产品进行重新整合的过程中，会催生出更多的管理和营销模式，代表着未来发展将会越来越有发挥的空间。

简而言之，谁能玩转互联网，谁就能成为下一个出色的互联网企业。虽然褚时健不是一个擅长“玩”互联网的人，但是他的一举一动都在涉足这个领域，相信褚橙会随着时间的推移和互联网融合得更好。

“万亩橙园”计划

褚时健的橙子火了，火到他自己可能先前也没有预料到，那么对于这位新崛起的橙王来说，是不是一切都万事大吉了呢？在人生的最后阶段，能够创下如此不凡的业绩，似乎已经是大多数人难以企及的了。然而褚时健绝不会就此满足，正是因为他的不断奋斗，才让他成为了“烟王”和“橙王”的代名词。

如果你有机会来到嘎洒镇的话，在它通向水塘镇的必经之路上，你会发现有一个岔路口，在这个路口上有一块招牌，上面写着“万亩橙园3公里”。

万亩橙园是什么？是褚时健下一步的计划。他不会满足现在的千亩橙园，而是要将这个数字继续扩大，变成一个方圆万亩的巨大橙园！

褚时健到底是异想天开，还是真的胸怀大志？有人就这个问题采访过他，褚时健给出了十分肯定的答案。原来，褚时健计划的万亩橙园，其实是政府所希望和支持的，因为对褚橙的热卖大家有目共睹，所以也希望让褚时健的水果公司产业化和规模化。现在，褚时健的这个宏伟目标正在实施当中，虽然在这个过程中褚时健又将投入不小的精力，但是他却不感到疲惫，因为这是他一直在追求的目标：要么不做，要做就做到最好。

褚时健用了十年的时间打造了一个属于褚橙的平台，这个平台从种植到销售已经形成了一条稳固科学的生产链条。现在，褚橙无论从品质上还是品牌上，都已经得到了社会的广泛认可，所以他想要再接再厉，继续将褚橙做大做强。

目前，褚时健和果农签约的土地承包正在进行当中，租金是每年每亩 800 块钱。从这个价格来看的确不算贵，而且褚橙如此走俏，基本上可以说是稳赚不赔的生意，所以很多果农都愿意和褚时健进行合作。

2013 年，褚时健开始了庞大的扩建工程，在他的公司附近开始大兴土木，据说不久后这里会变成一个“褚橙庄园”，而这个庄园绝不是仅仅种植橙子，它是一个集中了酒店、会议和旅游观光为一体的现代化庄园。根据云南当地媒体报道，云南副省长和玉溪副市长等领导都到新平县的褚橙庄园规划建设基地进行过调研和考察，由此可见褚时健在当地受到了何等的重视，也证明了这个万亩橙园的计划绝非空穴来风。

褚橙庄园的破土动工，自然和褚时健这十多年来的努力是分不开的。根据相关数据显示，自从褚时健的金泰果品公司成立以来，已经先后斥资 6430 万元建成了 2800 亩的冰糖橙生产基地，直接带动了附近果农种植柑橘 3000 亩。由于褚时健功不可没，所以他的公司在2010年被评为农业产业化经营市级龙头企业，而在2012年7000多万元的销售收入，更是让万亩橙园计划在实践中得到了论证。

那么，这个褚橙庄园将有着怎样的定位呢？对此，褚时健的规划是，给这个庄园赋予“地域风情、绿色生态、自然休闲、人文展示”的概念。其实从这一系列的词汇可以看出，褚时健是将褚橙的品牌效应合理运用在了庄园的品牌打造上，由此倡导着一种可贵的创业精神。所以在褚时健看来，褚橙庄园绝不单单具有娱乐功能，更有着教育、学习、科研和示范的积极作用。

显而易见，褚橙庄园建设滞后，必定会拉动新平县这个“褚橙之乡”的品牌创建。为此，新平县也在积极筹划中，加强完善《全县柑橘产业发展规划》、《果汁加工项目规划》以及《褚橙庄园概念性规划》等等，目的是为了充分配合庄园的策划、规划和包装等工作。

为了着力进行文化挖掘和展示工作，新平县还收集了168份相关素材，同时褚橙庄园商标注册也在积极地准备申报之中。这样一来，褚橙庄园将成为一个餐饮娱乐、农事体验、科普教育、会议接待以及旅游观光一体化的现代化生态农庄，将竭尽全力地打造土地资本化、融资市场化、资产股份化、经营规模化、管理企业化的现代化庄园经济示范。

一旦褚橙庄园建成，必定会以点带面地将三大产业联合起来，从而实现产品质量提高、产业联动和产业升级的远景目标。换个角度来看，新平县正是将褚橙庄园当做一个高原特色农业精品庄园来建设的。

目前，褚橙庄园重心功能区域的主干道已经扩建完毕，同时也敲定了观光旅游通道设施的施工方案和中心服务区房屋建造涉及方案，建成了20所看护房。与此同时，其他相配的筹备工作也在紧锣密鼓地准备之中：目前签订土地流转合同面积达到了3340亩，选果厂及果汁厂建设实现了三通一平的工程。

如此浩大的工程，投资势必不小，据称褚橙庄园将投入资金2.72亿元。其中庄园中心功能区域投资4480万元，生产基地投资约为1.08亿元，增建生产基地8000亩，总面积将突破1万亩，投资1.4亿元建设占地63亩、年处理1万吨原料的果汁厂和日处理能力150吨的选果厂，预计投产后将会年增3000万元的税收。

充满戏剧色彩的是，当褚橙庄园正在如火如荼地建造中时，红塔集团的“玉溪庄园”也弄得有声有色。玉溪庄园，地处玉溪峨山凤窝村，在这个玉溪庄园，红塔基地的工作人员还和当地村民就成立烟草合作社进行着谈判。现在，这个庄园在全社会的认可之下，逐渐成长为了一个充满朝气的现代化庄园，是烟草价值和社会效益以及其他多方面的精神价值为一体的共赢产物。

玉溪庄园的出现，为当地村民提供了十分有效的致富手段，不过和褚时健时代有所不同，玉溪庄园的烟草种植主要依靠着有机种植体系，尽管它投入了更多的人力物力，不过烟草的收购价格却比之前的普通烟叶更高，基本上参照了有机种植理念的精髓原理。就像褚橙庄园一样，玉溪庄园也带动了周边有机水稻、有机水果以及有机蔬菜的发展，促进了凤窝村的经济发展，提高了当地农民的收入。另外在精神文化层面，玉溪庄园符合了城市人民对“归园田居”和“回归自然”的需求。它以最朴实的田园风貌，满足了人们休闲山水之间的精神诉求。

可以说，玉溪庄园和褚橙庄园一样，都引领了各自领域中的一场革命，它们都是在钢筋混凝土称王称霸的时代，走上了一条最具有田园色彩和质朴风光的经济创新之路，它们都实现了工业反哺农业的指导思想。

或许这就是历史的巧合，也是褚时健极富传奇色彩的人生侧写。

在新平县政府的大力支持下，褚橙庄园正在有条不紊地建设之中，而这其中寄托的不仅仅是新平县地方经济腾飞的希望，更是褚时健实现人生二次创业的辉煌。虽然橙子不如香烟那样一本万利，但是他不靠政策只凭自己，却将一个看似不可能的目标实现了。

现在，褚橙很少会进入到超市中，这是因为它还没有流入到这一类渠道就被抢购一空了。所以，现在有不少外资和合资的大型超市不断找到褚时健，要求能够进到新鲜的褚橙。然而他们的谈判都没有成功，原因在于合同中的限制性条款实在太多，尤其是合资超市不懂得进行变通，到账时期非常漫长，通常要等到销售后七八个月才能结算，而且手续纷繁复杂，一个单子要从部门主管一直审批到总部。

其实，褚时健之所以拒绝了跟超市的合作，不仅是因为合作中的某些条款让他望而却步，更重要的是褚时健对这种销售模式已经没有太大的兴趣了，他现在正在着力探索一种全新的农业产销模式。这个模式是，在种植的源头放弃那种传统的农业管理方式，而是采用工业化、企业化的统一标准。另外，褚时健积极谋求建立属于自己的销售渠道体系，通过不受制于超市的价格限定，来保持相对独立的价格体系。

“庄园经济”是一种现代化的农业产业化发展的新模式，它的最大好处是，可以将规模经营理念移植到农业的生产经营中，并通过对资金、土地、劳动力等生产要素的重新组合，起到推动农业集约化、现代化发展的作用。对于天生适合种植作物的云南来说，当地政府更是想方设法地要实现高原特色农业的发展，所以推出并倡导了“庄园经济”的战略部署，从而实现云南省高原特色农业的大变革、大飞跃和大发展。在这种战略思维的指导下，未来云南省将会推出更多的高原特色农业精品庄园，从而催生出一批高原特色农业产品。

这就是褚时健在种植“励志橙”之外的更大硕果，他的新型农业产销模式，将会伴随着“万亩橙园计划”更上一层楼。

人们拭目以待吧！

生命不息，奋斗不止

褚橙，已经从一个普通的水果变成了集现代化农业、企业家涉农、绿色食品等多个标签于一身的关键词，人们对它寄予了无限的期待。那么，褚时健在下一步还会进行什么计划呢？

其实，对现在的褚时健来说，自己年岁已高，需要考虑的不仅是眼前事，更有身后事，而所谓的身后事，就是在他百年之后，这一大片庞大的果园将如何管理经营呢？答案早就有了——交给他的外孙女和外孙女婿处理。也正是出于这个原因，褚时健才不断地培养他们，所以养成了一种固定的行为模式：白天在果园里转一转，晚上则抓紧时间向外孙女传授种橙心得。他要及时地将自己的经验体会毫无保留地传到隔代人手中，这样才能让他的褚橙走得更远，带着褚时健的精神一直被人们誉为“励志橙”。

接触过褚时健的人都发现，这个昔日的“烟王”，如今已经变成了一个地地道道的农家老汉。他每天都习惯早起，穿的是普通的衣服，皮肤也在日照强烈的嘎洒晒黑了，所以他出门都要戴一副太阳眼镜，无论晴天还是刮风下雨。

褚时健的早饭通常吃得很简单，有时候就下点挂面对付一口，根本谈不上什么美味佳肴。别看他的橙子获利能达到千万，但是他和老伴始终过着节俭的生活，甚至连饭桌上的鸡骨头都要打包回来喂养他家的小狗。

对于褚时健来说，山上的生活是单调的，唯一能带给他极大快乐的，就是他的亲人。有时候，他的孙女和侄女会带着一家子人回来看望他们，每到这个时候，褚时健和马静芬都会乐得合不拢嘴。不过，在大家眼中，褚时健虽然很慈祥和蔼，但是却说话不多，由于糖尿病的原因，他的腿脚也不是很利索，不过每次和家人吃饭，他都会很主动地给大家盛面、浇汤，还会多次提醒大家有辣子、盐巴、酸菜。

这就是褚时健晚年的生活乐趣所在，除了种橙子之外，他的心里就只有血浓于水的亲情了。

在褚时健公司的院子里，总会放着一筐新鲜的橙子。这些都是给来访客人们吃的，这些客人中，有熟人也有陌生人，据说还有一些专门来拜见褚时健的，希望从他这里寻找到动力。一般来说，只要褚时健不是很忙，都会陪他们说一会儿话，如果是熟人会更亲切地唠唠家常什么的。当然对实在陌生的客人，褚时健还是没有那么多时间陪着他们，只是让大家自己从筐里拿几个橙子尝尝鲜，而他则忙自己的事去了。

在褚时健公司的小黄楼门口，蹲着两只石狮子，它们的姿态是在眺望远方，好像在暗示着褚时健本人富有传奇色彩的一生。

在门口有一汪水潭，这里的水都是从十几公里外的哀牢山山泉中引过来的，主要是为了在干旱的时候对果园进行灌溉。在小楼的左侧有一棵大无花果树，枝叶长得非常繁茂，马静芬称其为菩提树。在树下养着三四只孔雀和几十对斑鸠，除了这些景致之外，只能看到层层叠叠的橙树了。

每年的11月份是橙子收获的季节，放眼望去，褚时健的果树上都挂着斑斑点点的冰糖橙。果园繁忙的时候，就会听到一种“沙沙”的声音——那是工人背着果筐在摘果。

褚时健腿脚不太好，所以司机总会驾车载着他去果园转一转，找果农聊聊天，看看他们的技术指标是否被严格地执行着，通常还有几个区长和技术员，轮流向褚时健汇报工作进展情况。忙完了这一天之后，褚时健通常躺下时已经是深夜11点了。

褚时健的身体并不是铁打的，如果真有那副好身板，他也不会获得保外就医的资格。他之所以能够在哀牢山上的果园中倔强地站立着，主要依靠的还是那不屈不挠的意志。另外，他也是想多培养培养外孙女和外孙女婿，让他们尽快熟悉种植冰糖橙的各个环节和流程，一旦有一天他干不动了，也能放心地将果园交给他们。

褚时健的担心是有道理的，像经营果品这种鲜货行当，本身就存在着巨大的风险，看着很简单，一旦经营失策或者遭遇严重的自然灾害，倾家荡产也是有可能的。

虽然褚时健80多岁了，但是在坐车的时候还是让车开得很快，最后弄得别人有些头晕了，他却还是很高兴。有人问他为什么，褚时健说他不想输给时间，也不想向所谓的命运屈服。

不过，尽管褚时健年纪大了，但是他绝不会倚老卖老，他依然保持着雷厉风行的做派，也是一个严格遵守时间的人。有人曾经和褚时健相约去距离玉溪200公里外的一个柑橘基地考察，当时两个人约定的是在早上8点钟到达，而褚时健的误差没有过5分钟。据说，褚时健在担任烟厂老总时，曾经有一次去昆明开会，当时他在重庆上学的儿子褚一斌知道了，表示想搭个顺风车回家，可是由于他到了约定时间也没来，褚时健等也不等了，让车直接开回了玉溪。

当初，褚时健因保外就医离开监狱，所以他到现在还是戴罪之身，这种低调自然是不得已而为之的低调，也成为了褚时健心中的一块“心病”。褚时健知道，自己虽然二度走红了，但是由于保外就医的身份所限，他还是不适合高调地出现在镁光灯下。

褚时健希望将自已隐藏在聚光灯之外，然而他推进事业的脚步却始终在迈进着。2009年，褚时健在接受记者采访时说，他原本也想发展果汁加工的副业，可毕竟年事已高，被迫放弃了这个想法。尽管如此，褚时健还是在2012年建立了一个投资3000万元的果实初加工基地。另外，他还在扩大着基地选果车间的规模，至少要增添一台机器。在过去，选果车间的规模很小，大卡车根本开不进去，必须用小车拉到厂房以外然后再装进大卡车，这样一来就很耽误时间，所以褚时健才决定扩建。

这个八旬的老者，心中也许还谋划着很多不为人知的事情，正如他跌宕起伏的一生，无论行走到哪里，他都能用一双慧眼、一颗智慧的头脑以及一双灵巧的手去改写历史、创造奇迹。糖厂被他修好的锅炉是个小奇迹，玉溪卷烟厂的崛起是一个大奇迹，而褚橙庄园的日益繁荣，则是奇迹中的奇迹，因为褚时健每一次的成功，都面临着比上一次更严重的阻碍和压力，所以他给人带来的惊讶和钦佩，也一次比一次强烈，他所赢得的光环，也由此倍加闪耀。

难怪，有那么多大佬级别的人物，始终尊崇这个戴着草帽、身穿圆领衫的“农家老汉”模样的人，说褚时健是“航母级别”的教父企业家，一点不为过。这不仅是因为他能创造奇迹，更是因为他能现身说法地给那些走在低谷中的人，以强大的精神动力——我能行，你为什么不可以？

无论是“红塔山”还是“褚橙”，都给了我们教科书似的创业者案例，让我们懂得：一个人只要不被自己打垮，命运是可以被改写的——哪怕你是74岁！

梦不灭，创业继续；心不死，希望依旧。